읽자마자
IT 전문가가
되는
네트워크
교과서

아티클 19 지음
에릭 로렌스 감수
심태은 옮김

읽자마자 IT 전문가가 되는 네트워크 교과서

코딩,
프로그래밍,
해킹과 보안,
IT 엔지니어링의
기초가 탄탄해지는
네트워크의 구조와 작동 원리

no starch
press

보누스

안녕! 나는 고양이 캣니프야.

매일매일 인터넷을 사용하고 있지만, 인터넷이 어떻게 작동하고 있는지 모르는 사람들을 위해 왔어. 기본적인 인터넷 인프라와 작동 방식이 궁금하다면 아주 많은 도움이 될 거야. 기초 개념부터 전문가가 쓰는 지식까지, 재미있는 그림과 함께 읽자마자 바로 이해할 수 있도록 쉽게 설명해 줄게.

아래와 같은 질문에 한번쯤 궁금해한 적이 있었다면 이 책을 흥미롭게 읽을 수 있을 거야.

- 인터넷은 어떻게 작동할까?
- 정보는 인터넷을 통해 어떻게 이동할까?
- 정보가 인터넷을 이동하는 데 관여하는 것들은 무엇이 있을까?
- 사용자가 인터넷에 접속하면 어떤 정보가 어디로 공유될까?
- 인터넷에서 기계가 통제하는 요소는 뭘까?
- 인터넷을 통제하는 가장 높은 주체는 누구일까?
- 분산 지향적인 인터넷에서 권력은 어떻게 분배될까?

이뿐만 아니라 전송 프로토콜, 보안 및 개인 정보, 알고리즘, 인터넷 인프라 거버넌스와 같은 네트워크의 기본 개념들을 충실히 다룰 거야. 인터넷이 작동하는 가장 기본적인 내용에서 복잡한 개념까지 쭉 나아가 보자. 맨 앞장부터 순서대로 읽다 보면 인터넷과 네트워크에 관한 지식이 차곡차곡 쌓일 거야.

앞에서 익힌 지식과 정보들을 바탕으로, 마지막 장에서는 인터넷이 어떤 방식으로 사회 정의와 인권 실현의 수단이 되는지 구조적·공익적 차원에서도 살펴볼 수 있어.

인터넷이나 네트워크 기술에 관한 지식이 필요한 사람들에게, 업무 능력과 시민 교양을 쌓는 데 많은 도움을 줄 수 있도록 노력했어. 비록 영어로 소통해야 한다는 한계가 있긴 하지만, 혹시 책을 읽으면서 더 궁금한 점이 생기면 https://catnip.article19.org/를 방문해 줘.

본격적으로 설명을 시작하기 전에, 나와 함께 계속 마주치게 될 친구들을 소개해 줄게.

왼쪽은 앨리스, 오른쪽은 드래곤이야.
나와 같이 일하면서 매일 온갖 내용을 토론하고 있어.
일로 만난 사이지만, 함께 일하지 않을 때도 한가할
때면 연락하고 만나곤 해. 등산을 같이 가거나
저녁을 같이 먹는 친한 친구 사이지.

이브는 골치 아픈
친구야. 악명 높은 도청
전문가이기 때문이지.
늘 다른 사람이 무슨
이야기를 하는지 엿듣고
싶어 해. 그 똑똑한 머리를
좋은 곳에 쓰면 참 좋을
텐데….

이 친구의 이름은
맬로리인데, 우리는
이름 앞에 별명을 붙여서
'악동 맬로리'라고 불러.
자꾸만 짓궂은 장난을
쳐서 사람들이 안심하고
인터넷을 사용할 수 없게
만드는 주범이야.

책 한눈에 살펴보기

차례

일러두기

- [ ]는 역자 또는 편집자 주를 나타냅니다.
- 책에는 다양한 IT 관련 용어들이 등장합니다. 이 중 추가 설명이 필요한 용어의 경우 '기초부터 확실하게! IT 용어 사전'(155쪽)에서 그 의미를 해설했습니다.

1

네트워크는 어떻게
인터넷이 될까?

흔히 인터넷은 아래 그림처럼 여러 디바이스(device. 장치)가 서로 연결된 구름 같은 이미지로 표현돼. 하지만 이 그림은 인터넷의 진짜 구조와는 다른 점이 많아. 가장 다른 점은 인터넷으로 '직접' 연결되는 경우가 거의 없다는 건데, 중간에 개입하는 것들이 많다는 뜻이야.

인터넷은 완벽하게 똑같은 형태로 분산되어 있는 네트워크가 아니야. 대신 수많은 센터가 있어서 중심이 나뉘어 있고, 각 센터는 서로 직간접적으로 연결되어 있어. 이 센터를 노드(node)라고 불러.

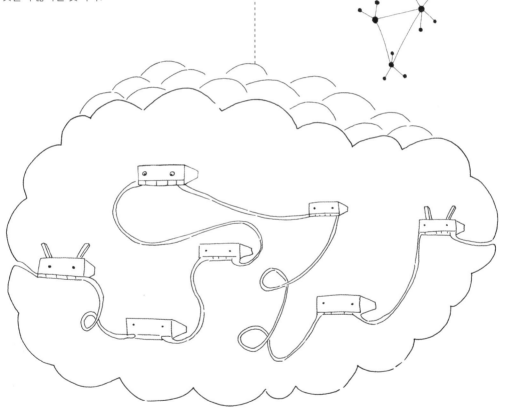

이 장에서는 두 기기가 라우터(router)와 같은 노드를 통해 네트워크에서 서로 어떻게 통신하는지, 다른 네트워크가 서로 어떻게 연결되어 우리가 아는 인터넷을 구성하는지를 알아볼 거야.

노드와 네트워크

노드는 정보를 주고받는 모든 네트워크에 있는 기기야. 개인 노트북이나 스마트폰도 노드가
될 수 있고, 어디서든 웹사이트를 이용할 수 있게 구축한 서버(server)도 노드라고 할 수 있어.
노드의 종류는 쓰임새에 따라 다양하지만, 네트워크에 있는 모든 노드의 한 가지 공통점은
바로 '주소'가 있다는 거야. 이 주소를 통해 노드가 서로를 찾을 수 있지. 정리하면
네트워크에 연결된 하드웨어를 노드라고 하고, 이 노드들은 모두 주소를 갖고 있어.
인터넷에서는 IP 주소가 이런 네트워크 주소 역할을 해.

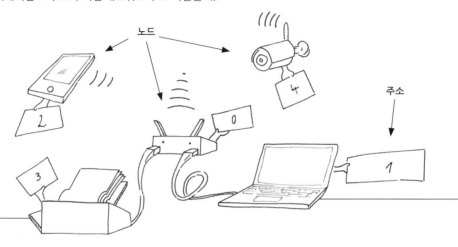

어떤 한 노드가 목적지 노드의 주소 정보를 제공하면, 같은 네트워크에 있는 다른 노드에도
메시지를 전달할 수 있어. 이 주소는 네트워크가 알맞은 목적지 노드로 메시지를 전달하도록
돕는 역할을 해. 단, 메시지가 이동할 때는 목적지를 향해 곧바로 가는 것이 아니라 대부분
출발지와 목적지 사이에 있는 중간 노드를 거치게 돼.

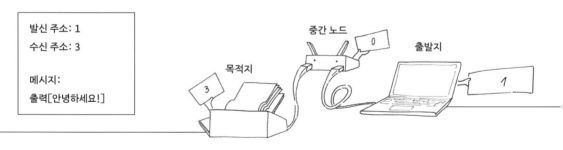

이처럼 한 네트워크를 다른 네트워크에 연결할 때
중간 노드가 되는 기기를 라우터라고 불러.
라우터는 IP 패킷을 한 네트워크에서 다른 네트워크로
옮기는 역할을 해. IP 패킷(packet)이란 인터넷
트래픽을 구성하는 데이터 조각을 가리키는 용어야.

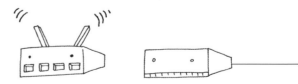

서버와 클라이언트

앞에서 노드가 쓰임새에 따라 여러 종류로 나뉜다고 했지? 중개자 역할을 하는 노드가 라우터라면, 네트워크를 통해 서비스를 '제공하는' 노드는 서버라고 해. 서버는 네트워크의 다른 노드로부터 연결을 받아들이고, 서비스 방식이나 애플리케이션으로 정보를 전송 및 수신, 처리하는 노드야. 서버의 대표적인 예시로는 온라인 게임 서버, 웹사이트 호스트, 이메일 전송 서비스 등을 들 수 있어.

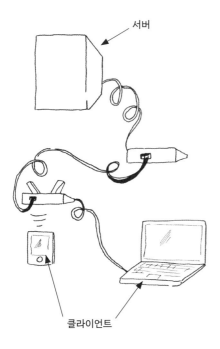

서버

클라이언트

이렇게 제공된 서비스를 '사용하는' 네트워크 노드는 클라이언트(client)라고 불러. 클라이언트의 예시로는 스마트폰, 컴퓨터 같은 실제 사용자 기기나 클라이언트 애플리케이션 등이 있어. 예를 들어, 우리는 메일이 왔을 때 애플리케이션을 사용해서 이메일 서버에 연결하고 메일을 보게 돼. 이때 사용하는 애플리케이션이 클라이언트라고 할 수 있지.

네트워크의 유형

네트워크에는 여러 가지 유형이 있는데, 각 유형은 간단한 그림으로도 나타낼 수 있어. 같이 살펴보자.

중앙집중식 네트워크

여러 클라이언트가 하나의 라우터에 연결되는 네트워크를 중앙집중식이라고 해. 게임 서버나 로컬 네트워크(LAN)가 대표적인 중앙집중식 네트워크 유형으로, 중심점이 있는 별 모양을 하고 있어.

비집중식 네트워크

여러 클라이언트가 여러 라우터에 연결되어 있고, 이 라우터끼리 서로 연결된 형태를 비집중식 네트워크 또는 분권화된 네트워크라고 불러. 오늘날 인터넷의 전체적인 구조가 바로 이 형태를 띠고 있지. 이메일을 주고받을 때도 비집중식 네트워크 서비스를 이용해. 마치 수많은 별로 이루어진 별자리 같지 않니?

분산 네트워크

앞서 서버는 서비스를 제공하는 노드, 클라이언트는 서비스를 사용하는 노드라고 했어. 그런데 각 노드가 클라이언트인 동시에 서버인 경우도 있어. 분산 네트워크에서는 모든 노드가 계층 없이 서로 연결되어 있어. 완전히 분산된 네트워크에서는 중앙 노드 없이 모든 노드가 동등하고 서로 직접 소통할 수 있지. 한때는 이런 형태를 이상적인 인터넷 구조로 여기기도 했지만, 지금은 몇몇 거대 기업의 인터넷 서비스를 중심으로 점점 집중화되는 경향을 띠고 있어.

하드웨어 주소

전자 통신이 가능한 기기의 하드웨어는 전원, 사운드 및 그래픽 카드, 기억장치, 프로세서 칩, 카메라, 헤드폰, 외장형 드라이브 등 다양한 주변 기기와 연결되어 있어. 이 중 네트워크 카드는 네트워크에 디바이스 ID를 제공하고, 기기와 네트워크 사이의 연결을 처리하는 일을 해.

MAC 주소

우리가 쓰는 휴대폰과 컴퓨터에는 인터넷에 연결할 수 있는 작은 네트워크 카드가 들어 있어. 노드를 인터넷에 연결하려면 반드시 이 네트워크 카드가 필요해. 네트워크 카드에는 **MAC 주소** (Media Access Control Address)[1]가 있기 때문이야. 이 주소는 네트워크에 사용되는 모든 기기가 지니고 있고 물리적으로 식별할 수 있는 각 기기의 고유 주소야. 다른 기기와 통신할 때 MAC 주소가 필요하고, 라우터는 이 주소를 사용해서 연결하려는 기기를 식별해.

MAC 주소는 기기의 정체성과도 같아서 디바이스 ID(device ID) 라고도 불러. 보통 MAC 주소는 그 네트워크 카드를 만드는 회사에서 부여해. 따라서 기기에서 실행되는 소프트웨어 운영체제는 카드의 정확한 모델까지 식별할 수 있지.

단, MAC 주소는 로컬 네트워크 (LAN. Local Area Network)에서만 사용되고 로컬 범위를 넘어가는 광역 네트워크(WAN. Wide Area Network)에서는 잘 쓰이지 않아. 하지만 MAC 주소를 통해 기기와 사용자를 식별할 수 있기 때문에 로컬이 아닌 네트워크 노드도 MAC 주소를 요구하고 저장하는 경우가 종종 있어.

---

1 휴대폰 네트워크에서는 MAC 주소 대신 국제 이동 단말기 식별 번호(IMEI. International Mobile Equipment Identity)가 필요해.

임의 MAC 주소

미국 CIA와 미국 국가안보국(NSA) 등 정보기관에서 근무했던 컴퓨터 기술자 에드워드 스노든(Edward Snowden)은 NSA에서 모든 사람의 움직임을 추적할 목적으로 전자 기기의 MAC 주소를 모니터링 한다고 밝힌 적이 있어. 무섭기도 하고, 놀랍기도 한 사실이야. 그런데 MAC 주소에 어떤 정보가 담겨 있길래 사생활까지 추적할 수 있는 걸까?

MAC 주소는 '네트워크의 주민등록번호'라고 불릴 만큼 고유성이 커. MAC 주소에 구체적인 정보가 담겨 있는 것은 아니지만, MAC 주소의 고유성을 활용하면 무료 와이파이 핫스폿(hotspot) 으로도 사용자를 추적할 수 있어.

어떤 운영체제는 이에 대응하기 위해 하드웨어 주소가 너무 쉽게 현실의 신원 정보와 연결되지 않도록 MAC 주소를 임의로 지정하는 방식(random MAC address)을 쓰기도 해.

비록 그 고유성이 위험한 요소로 지목되기도 하지만, MAC 주소 자체에 사생활이 직접적으로 드러나 있는 것은 아니야. 컴퓨터가 인터넷에 연결하는 데 필수적인 기능을 하는 요소일 뿐이지. 그럼 이 연결이 어떤 방식으로 작동하는지 구체적으로 알아보자.

기기가 네트워크에 연결되는 방법

컴퓨터에 인터넷을 연결할 때는 흔히 이더넷(Ethernet) 케이블 또는 와이파이로
홈 라우터에 연결하는 방식을 사용해. 이더넷은 소규모 네트워크를 구성하는 방법 중에서
가장 널리 사용되는 유선 연결 방식이야.

휴대폰이나 태블릿 같은 모바일 기기는 대부분 이더넷 대신 와이파이를 써. 와이파이가
없으면 휴대폰의 모바일 네트워크 또는 위성 네트워크에 인터넷을 직접 연결해 쓸 수 있어.

라우터에 신호 보내기

네트워크에 있는 다른 노드와 통신하려면 MAC 주소 외에 네트워크 주소가 추가로 필요해. 네트워크 주소를 얻으려면 기기가 라우터에 신호를 보내야 하지.

일단 케이블을 사용해서 물리적으로 유선 연결을 하거나, 무선 연결 방식인 와이파이 네트워크를 선택해. 비밀번호를 올바르게 입력하면 DHCP (Dynamic Host Configuration Protocol. 동적 호스트 구성 프로토콜) 를 통해 기기의 네트워크 카드에 따로 네트워크 주소가 할당돼.[2] 이 요청에 성공하면 라우터는

두 가지 일을 할 수 있어. 첫 번째는 네트워크 주소를 기기에 보내주는 일, 두 번째는 로컬 네트워크의 표준 게이트웨이 (이 경우에는 라우터)를 통해 기기에 신호를 보내서 네트워크로 전송할 데이터를 요구하는 일이야. 이렇게 긴 과정을 거치면 기기는 표준 게이트웨이라는 문을 통해 비로소 인터넷에 연결되는 거야.

연결하기

네트워크 카드의 MAC에 네트워크 주소가 할당되면 기기가 네트워크에 연결돼. 그럼 같은 네트워크에 연결되고 주소가 할당된 다른 노드와 정보를 전송하거나 전달받을 수 있어.

---

2 DHCP는 네트워크 주소를 받는 가장 일반적인 방법이야. IP 주소를 수동으로 설정할 수도 있어.

2

인터넷에서 정보는 어떤 모습일까?

패킷이란?

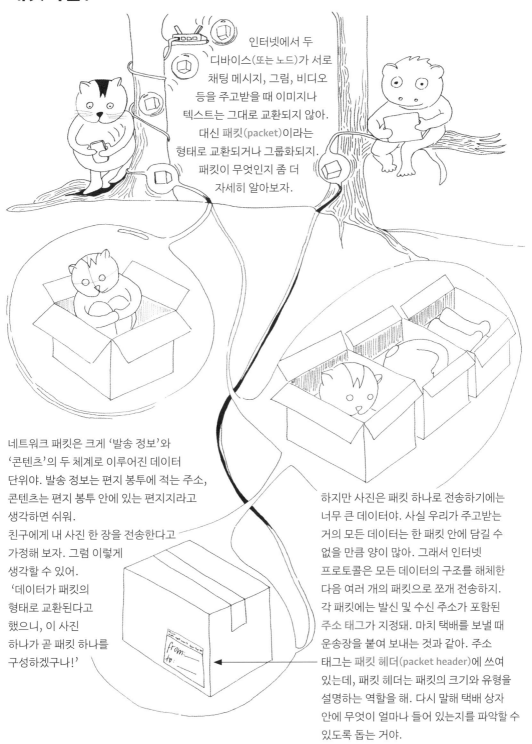

인터넷에서 두 디바이스(또는 노드)가 서로 채팅 메시지, 그림, 비디오 등을 주고받을 때 이미지나 텍스트는 그대로 교환되지 않아. 대신 패킷(packet)이라는 형태로 교환되거나 그룹화되지. 패킷이 무엇인지 좀 더 자세히 알아보자.

네트워크 패킷은 크게 '발송 정보'와 '콘텐츠'의 두 체계로 이루어진 데이터 단위야. 발송 정보는 편지 봉투에 적는 주소, 콘텐츠는 편지 봉투 안에 있는 편지지라고 생각하면 쉬워.
친구에게 내 사진 한 장을 전송한다고 가정해 보자. 그럼 이렇게 생각할 수 있어.
'데이터가 패킷의 형태로 교환된다고 했으니, 이 사진 하나가 곧 패킷 하나를 구성하겠구나!'

하지만 사진은 패킷 하나로 전송하기에는 너무 큰 데이터야. 사실 우리가 주고받는 거의 모든 데이터는 한 패킷 안에 담길 수 없을 만큼 양이 많아. 그래서 인터넷 프로토콜은 모든 데이터의 구조를 해체한 다음 여러 개의 패킷으로 쪼개 전송하지. 각 패킷에는 발신 및 수신 주소가 포함된 주소 태그가 지정돼. 마치 택배를 보낼 때 운송장을 붙여 보내는 것과 같아. 주소 태그는 패킷 헤더(packet header)에 쓰여 있는데, 패킷 헤더는 패킷의 크기와 유형을 설명하는 역할을 해. 다시 말해 택배 상자 안에 무엇이 얼마나 들어 있는지를 파악할 수 있도록 돕는 거야.

패킷은 무엇으로 구성될까?

패킷은 컴퓨터 언어이기 때문에 우리가 쓰고 읽는 글이 아니라 0과 1만으로 이루어진 이진수 데이터로 구성되어 있어. 정보는 오로지 0과 1, 두 가지의 나열로 저장되지.

원래 컴퓨터는 뭔가를 추가하거나, 뭔가를 비교하는 일만 할 수 있어. 즉 컴퓨터는 무슨 질문을 받든 아마 똑같이 되물을 거야. "그래서, 1인가요 0인가요?"

따라서 컴퓨터가 처리할 수 있는 가장 기본적인 데이터 표현 방법은 1 아니면 0 두 가지뿐이야.

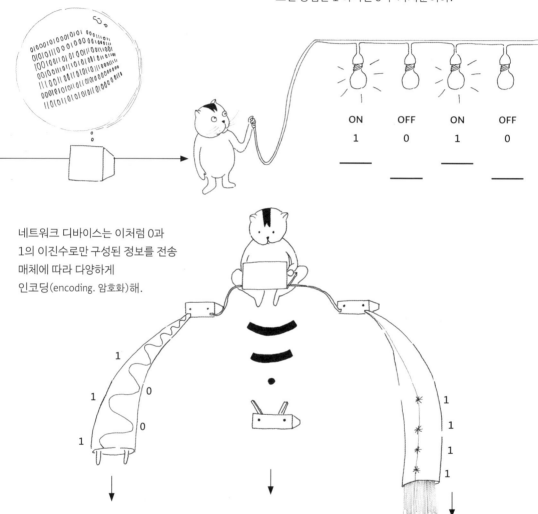

네트워크 디바이스는 이처럼 0과 1의 이진수로만 구성된 정보를 전송 매체에 따라 다양하게 인코딩(encoding. 암호화)해.

구리선으로 유선 연결을 하면 전기 신호로 정보가 전달되고,

무선으로 연결하면 정보는 라디오 주파수 형태를 띠고,

유리 섬유를 사용한 광케이블로 연결하면 빛 신호로 정보를 전달할 수 있어.

패킷 전송

그럼 이제 이진수인 패킷이 네트워크를 통해 어떻게 전송되는지 살펴보자.

이진수 신호는 **주파수 변조**(FM. Frequency Modulation)라는 과정을 거쳐 전송돼. 이 과정에서 송신기는 이진수 값을 0과 1이 쭉 나열된 형태의 신호로 변환하지.

그러면 수신기는 전달 과정에서 전기, 라디오 또는 빛 신호 주파수로 바뀐 정보를 다시 0과 1로 변환해.

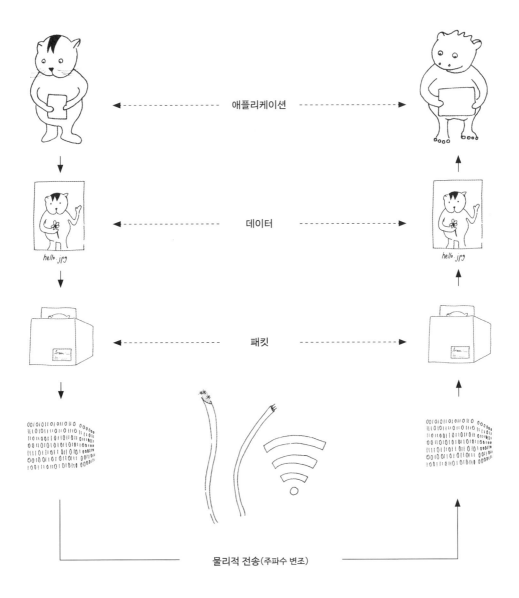

애플리케이션

데이터

패킷

물리적 전송(주파수 변조)

인터넷에서 기기는 어떻게 통신할까?

프로토콜

기기가 서로 통신할 때는 양쪽 모두 이해할 수 있는 언어를 사용해야 해.
이 언어를 프로토콜이라고 불러. 프로토콜이란 기기가 인터넷에서 서로 어떻게 통신해야
하는지, 오류가 발생했을 때 무엇을 해야 하는지에 관한 규칙이야. 프로토콜이 할 수 있는
질문들은 아래와 같아.

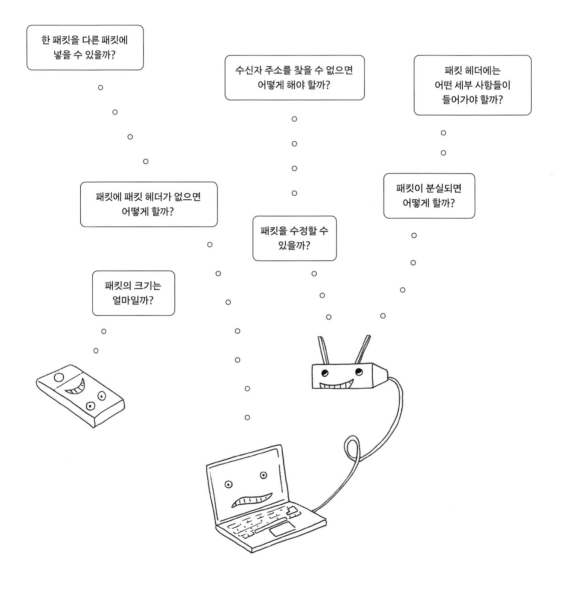

같은 종류의 통신에도 다양한 프로토콜 유형이 사용돼.
대표적으로 아래와 같은 프로토콜들이 패킷을 한 노드에서 다른 노드로
전송하는 방법을 결정하지.

TCP(Transmission Control
Protocol. 전송 제어 프로토콜)
패킷을 정확하고 완전한 형태로
전송하지만, 다른 프로토콜에 비해
보내는 속도가 느린 편이야.

UDP(User Datagram Protocol.
사용자 데이터그램 프로토콜)
정확한 패킷 전달이나 전송
순서보다 속도를 우선시하는
프로토콜이야.

QUIC(Quick UDP Internet
Connections. 빠른 UDP 인터넷 연결)
여러 개의 빠른 UDP 연결을
활용하지만, TCP처럼 정확하고
신뢰할 수 있는 방식으로 데이터를
전송해.

내 프로토콜이 있다고 하면
이런 모습일 거야.

배고픈 경우: 야옹~.
행복한 경우: 골골….
졸린 경우: (잔다.)

프로토콜과 표준을 다루는 국제기구

앞에서 프로토콜이 '언어'라고 했지? 실제 언어도 국제 공용어나 통용되는 규칙을 정해서
다른 나라 사람과 소통하는 것처럼, 국제 기술 관련 기구와 연구소에서는 모두가 사용할 수
있는 프로토콜과 통신 표준을 규정 및 개선하고 있어. 몇 가지 예를 살펴보자.

미국전기전자학회(IEEE. Institute
of Electrical and Electronics
Engineers)는 유·무선 네트워크
프로토콜을 다뤄.

그래서 내 말은…

응. 듣고 있어.

무선 네트워크 표준
802.11번 등이 대표적이야.

국제인터넷표준화기구(IETF. Internet
Engineering Task Force)는 인터넷
통신 프로토콜을 수립하고 게시해.

이전 페이지에서 다룬 TCP,
UDP 같은 프로토콜들 말이지.

-data-

국제전기통신연합 표준화 부문(ITU-T.
International Telecommunication
Union's Standardization Sector)은
전기 통신 프로토콜을 다루는 곳이야.

웹 서버와 클라이언트에서 사용되는
암호화 표준 X.509가 대표적이야.

https://alice.example.com

CERTIFICATE

국제표준화기구(ISO. International
Organization for Standardization)는
기술, 경영, 정부, 사회 등 다양한
부문의 애플리케이션 표준을 결정해.

ISO에서는 여러 층으로 구성된
인터넷 모델을 수립했는데,
이 내용은 나중에 다시 다룰게.

인터넷 프로토콜(IP)

여기서는 여러 프로토콜 중 가장 유명한 인터넷 프로토콜(IP. Internet Protocol)에 관해 살펴볼 거야. IP는 IP 주소와 IP 패킷의 형식을 규정하는 데 쓰이고 있어.

IP는 패킷을 어떻게 구성할 것인지, 그리고 패킷을 목적지까지 보낼 주소를 어떻게 지정할 것인지를 표준화하는 프로토콜이야.

앞에서 디바이스가 네트워크에 연결되면 네트워크 주소가 할당된다고 했지? 이 주소로 인터넷상의 다른 기기와 소통하려면 주소 형식이 반드시 인터넷 프로토콜 표준을 따라야 해. 이 표준을 따른 네트워크 주소를 'IP 주소'라고 불러. IP 주소의 유형에 관해 자세히 알아보자.

'인터넷 프로토콜'이라는 언어를 구사하는 각 기기(컴퓨터, 휴대폰, 토스터 등)는 같은 프로토콜을 사용해야 서로 소통할 수 있어.

공용 및 사설 IP 주소

인터넷 프로토콜은 다음과 같은 주소 유형을 호출해.

공용 IP 주소는 인터넷에 직접 접속할 수 있는 경우야. 예를 들면 인터넷 서비스 공급자(ISP)가 제공하는 홈 라우터는 공용 IP를 갖고 있지.

사설 IP 주소는 인터넷에 직접 접속할 수는 없지만, 중개자를 통해 접속할 수 있는 경우야. 홈 라우터에 연결된 각 디바이스가 여기에 해당해. 사설 IP로는 일반적으로 광역 인터넷에 바로 접속할 수 없고, 근거리 통신망 (LAN)이나 가상 사설망(VPN) 등의 사설망에서만 접속할 수 있어.

홈 라우터는 공용 IP 주소가 있지만, 그 집에서 일어나는 패킷 전송도 처리해. 이 말은 집 안에 있는 사설망에 연결된 홈 라우터가 사설 IP 주소를 사용하는 디바이스의 중개자 역할도 하고 있다는 뜻이야.

같은 네트워크에서는 여러 기기가 한 주소를 동시에 사용할 수 없어. 한 주소당 기기 하나씩만 쓸 수 있지. 따라서 공용 IP 주소 역시 중복 없이 전 세계에서 단 하나씩만 존재해.

네트워크 주소 변환(NAT)

인터넷에 사설망이 연결되고 라우터를 거쳐 패킷을 보낼 때, 라우터는 네트워크 주소 변환(NAT. Network Address Translation)이라는 기술을 활용해서 패킷의 주소 형식을 다시 작성해. 간단히 말하면 망 안에서만 통하는 사설 IP 주소를 바깥에서 쓸 수 있는 공용 IP 주소로 바꿔주는 거야.

NAT를 사용하는 경우, 라우터는 패킷을 보낸 쪽의 정보를 모두 메모리에 저장해. 네트워크가 인터넷으로부터 응답을 받으면 라우터는 전달받은 패킷 태그를 다시 작성하지. 그 패킷을 라우터 메모리에 기록되어 있는 사설 IP로 발송하면 각 디바이스는 패킷을 수신할 수 있게 돼.

조금 어렵게 느낄 수도 있지만, 사설 IP를 사용하는 여러 디바이스가 라우터의 공용 IP를 빌려 인터넷에 접속하는 과정이라고 이해하면 돼. 단, 라우터 전원이 꺼지면 이 모든 정보는 사라져.

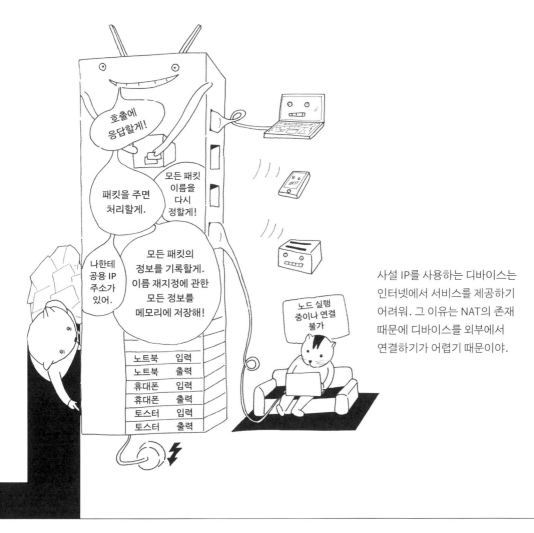

사설 IP를 사용하는 디바이스는 인터넷에서 서비스를 제공하기 어려워. 그 이유는 NAT의 존재 때문에 디바이스를 외부에서 연결하기가 어렵기 때문이야.

IPv4 주소

앞서 설명한 NAT는 **IP 버전 4(IPv4)**에서만 사용해. IPv4는 지금까지도 가장 일반적으로 사용하는 주소 형식으로, 우리가 흔히 알고 있는 IP 주소가 바로 IPv4 형태야.

IPv4 주소는 점(.)으로 구분된 숫자 블록 4개로 구성되고, 각 블록은 0부터 255까지 범위가 설정되어 있어. 보통 IP 주소를 찾아보면 '198.51.100.7'과 같은 형식일 거야. 이게 바로 IPv4 주소야.

이 4개의 숫자 블록은 한 묶음당 8비트(bit)로 구성된 4개 묶음이야. 비트는 이진수를 가리키는 용어로, 이진수 8개로 구성된 비트 한 묶음을 **바이트(byte)** 또는 **옥텟(octet)**이라고 불러. 컴퓨터는 이진수를 사용하고 인식하지만, 인간인 사용자가 볼 때는 아래와 같이 1~255의 십진수로 표기되지.

이진수 표기: 11000110.00110011.01100100.00000111
십진수 표기: 198   .51   .100   .7

사설 IP 주소의 형태도 정해져 있는데, 크게 세 종류가 있어.

1) 192.168.xxx.xxx
2) 10.xxx.xxx.xxx
3) 172.16.xxx.xxx~172.31.xxx.xxx

단, 몇몇 주소는 특수 용도로 쓰일 것을 대비해 사용 불가 상태야. 이를 '예약되어 있다'라고 말해. 따라서 아래와 같은 형식의 예약된 주소는 네트워크를 통해 트래픽을 보내는 데 사용할 수 없어.

0.0.0.0 ~ 0.0.0.31
127.xxx.xxx.xxx

사설 IP 주소를 제외한 다른 모든 주소는 공용 IP 주소야.

IPv6 주소

IPv4 주소의 단점은 주소를 약 43억 개밖에 만들지 못한다는 거야. 이 숫자가 많아 보이겠지만, 인터넷에 연결되는 디바이스 수가 늘어나면서 사용할 수 있는 주소의 개수도 한계에 다다르고 있어. 앞서 설명한 NAT라는 기술을 사용해 여러 디바이스를 한 공용 IP로 쓰는 이유도 각 디바이스에 모두 공용 IP를 할당하기에는 IPv4 주소가 모자라기 때문이야. 그래서 많은 사람이 모여 연구한 끝에 **IP 버전 6(IPv6)**라는 새로운 버전을 개발했어.

8비트짜리 4블록으로 만드는 IPv4와 달리, IPv6 주소는 16비트로 된 숫자 블록 8개로 구성되며 점(.)이 아닌 쌍점(:)으로 구분해. 16비트 숫자는 더 쉽게 읽을 수 있도록 0000~FFFF까지의 16진수로 표시되지.

이진수 표기	0010000000000001:0000110110111000:0000000000000000:0000000000000001:0000000000000000:0000000000000000:0000000000010000:0000000111111111
16진수 표기	2001:0DB8:0000:0001:0000:0000:0010:01FF
16진수 표기 축약형 (0만으로 구성된 블록이 이어지면 콜론만 표시한다.)	2001:0DB8:0000:0001::0010:01FF

IPv6는 주소당 128비트를 사용해. 따라서 IPv6로 만들 수 있는 주소의 개수는 무려 2의 128제곱인 340,282,366,920,938,463,463,374,607,431,768,211,456개야. 단위로 치면 억, 조, 경, 해를 가볍게 넘어 약 '340간 2,823구'만큼의 주소를 사용할 수 있어.

얼마나 많은지 감이 잘 오지 않지? 이 숫자가 얼마나 많은 양이냐면, 지구 표면 전체를 1mm²로 산산이 쪼갰을 때 모든 조각마다 665,570,793,348,866,944개의 주소를 제공할 수 있을 정도야. 엄청나지?

IPv6로는 외부에 접근할 수 없는 네트워크 내의 사설 IP 주소인 ULA(Unique Local Address. 고유 로컬 주소)를 사용할 수 있어. 하지만 이 역시 IPv4의 사설 IP 주소와 마찬가지로 사설망 안에서만 패킷을 라우팅할 수 있고, 전 세계의 IPv6 인터넷과는 통신할 수 없어.

IPv4와 비교해 IPv6의 강점은 또 있어. 디바이스가 IPv6를 사용하는 홈 라우터에 연결할 때 모두가 접근할 수 있는 주소를 여러 개 할당받을 수 있어. IPv4에서 한 디바이스는 NAT가 다시 작성한 사설 주소 한 개만 받을 수 있기 때문에 외부에서 접근할 수 없었지. 하지만 이렇게 모두가 접근 가능한 여러 주소를 할당받으면, 각 디바이스가 인터넷에서 서비스를 제공하고 능동적으로 참여할 수 있어.

전 세계의 IP 주소 할당

라우터가 연결된 디바이스에 IP 주소를 할당할 때 그 주소는 어디서 받아올까?
라우터는 **IANA**(Internet Assigned Numbers Authority. 인터넷 할당 번호 관리 기관)가 관리하는
고유한 공용 IPv4 또는 IPv6 주소 중에서 사용할 수 있는 주소를 가져오게 돼.

IANA는 대륙별로 인터넷 레지스트리를 지정하고, 이에 따라 IP 주소 범위를 할당해.
이 대륙별 인터넷 레지스트리를 **RIR**(Regional Internet Registry)라고 해.

RIR에서는 다시 **LIR**(Local Internet Registry)라고 불리는 지역별 인터넷 레지스트리에 IP 범위를 할당하지.

LIR은 RIR로부터 할당받은 주소 범위를 다시 하위 업체에 할당하거나, 자체적으로 인터넷 서비스 공급자 역할을 맡아서 IP 주소를 할당해 줘. 인터넷 서비스 공급자는 **ISP**(Internet Service Provider)라고 불러.
하위 업체 또는 LIR 자체가 ISP가 되면, 그 ISP에 속한 라우터들이 공용 IP 주소를 할당받을 수 있어. 각 라우터는 이런 과정을 거쳐 사용할 수 있는 공용 IP 주소를 부여받는 거야.

IP 주소를 할당하는 방식은 두 가지가 있어. 하나는 디바이스가 언제나 같은 주소를 사용하도록 하는 정적(static) 방식, 다른 하나는 주기적으로 주소가 바뀌는 동적(dynamic) 방식이야.
서버에서는 보통 정적 IP 주소를 사용해. 항상 같은 주소로 접근할 수 있어야 하기 때문이야.

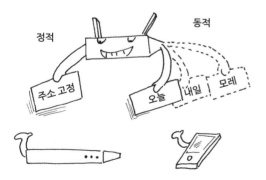

정적　　　　　동적

주소 고정　　오늘　내일 │ 모레

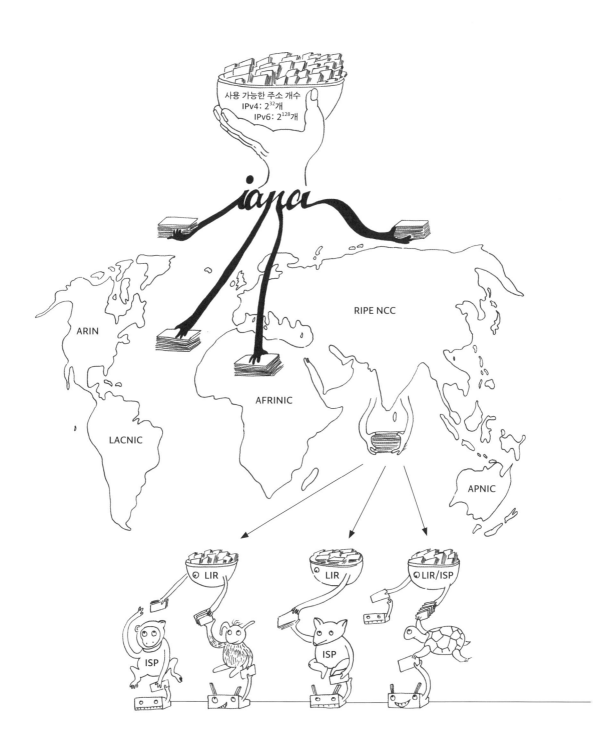

사용 가능한 주소 개수
IPv4: 2^{32}개
IPv6: 2^{128}개

IP 라우팅

인터넷에서 사용하는 주소가 어떤 모습이고 어떻게 할당되는지를 알아봤어. 그럼 이제 주소를 통해 패킷이 어떻게 이동하는지 살펴보자.

앞서 설명한 것처럼 패킷은 패킷 헤더라는 태그가 달려 있어. 태그에는 수신 및 발신 주소의 정보가 포함되어 있으므로 패킷이 어디에서 와서 어디로 가는지 알 수 있지.

NAT를 사용하는 네트워크에서는 IPv4 주소를 할당받은 홈 라우터가 패킷 태그를 재작성한다고 했지. 이는 사설 IP 주소를 쓰는 노드(디바이스)가 인터넷으로 패킷을 보낼 때 회신을 받을 수 있게 하는 과정이야. 하지만 IPv6를 쓰거나 NAT를 사용하지 않는 네트워크에서는 이렇게 태그를 재작성할 필요가 없어.

그럼 라우터는 디바이스로부터 받은 패킷을 인터넷에 있는 다른 IP 주소로 곧장 보낼까? 결론부터 말하자면 그렇지 않아. 라우터는 일단 자신이 잘 아는 바로 근처 라우터에 패킷을 보내. ISP의 대형 라우터가 여기에 해당하는데, 홈 라우터는 집배원이고 대형 라우터는 우체국 역할을 한다고 이해하면 쉬워.

대형 라우터에서는 패킷에 태그된 헤더를 읽은 다음, 패킷을 같은 네트워크에 있는 목적지로 보내거나 해당 목적지로 가는 방향에 있는 다른 라우터로 전달해. IP 주소 앞부분은 라우터와 같은 네트워크에 패킷의 목적지가 있는지 없는지를 나타내는 정보야.

이 주소를 보면 라우터는 패킷을 동일한 네트워크에 보낼지, 아니면 이를 알고 있는 다음 라우터로 보낼지 구분할 수 있지. 패킷이 목적지에 다다를 때까지 경로에 있는 모든 라우터가 이런 작업을 수행해.

인터넷 프로토콜 보안(IPSec)

보통 패킷은 인터넷에서 목적지에 도달할 때까지 여러 라우터를 거치게 돼.
라우터는 패킷 태그를 읽고 수정할 수 있는데, 사실은 태그뿐만 아니라 내용물인
패킷 자체를 복사할 수도 있어. 심지어 패킷을 잃어버리거나 배제할 수도 있고,
내용을 검사한 뒤 임의로 수정할 수도 있지.

이 기능을 악용하면 누군가 패킷 태그에 가짜 발신 IP 주소를 써서 해당 데이터 패킷을 다른 컴퓨터가 보내는 것처럼 만들 수 있는데, 이를 **IP 스푸핑(spoofing)**이라고 불러.

패킷 태그의 발신 IP 주소를 변경하면 공격자가 실제 발신지를 숨기고 익명을 유지할 수 있어. 또는 실제 발신지가 아닌 곳에서 패킷이 발송되었다고 착각하게 만들어 혼란을 주지.

다른 디바이스에서 보낸 것처럼 만들어야지.

공격 기술이 발달하면 방어하는 기술도 같이 발달하기 마련이야.
이 IP 스푸핑을 해결하는 방법이 바로 **인터넷 프로토콜 보안(IPSec.
Internet Protocol Security)** 기술이야. IPSec는 데이터 패킷의
무결성(integrity), 진본성(authenticity), 신뢰성(confidentiality)을
보장하는 다양한 방식을 통틀어 이르는 용어야.

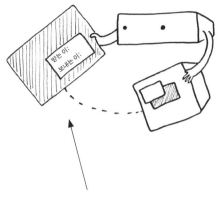

IPSec는 패킷을 확인하는 과정을
암호화해서 진본성과 무결성을
확보하고, 발신 주소를 수정하거나
훼손하지 못하게 막아. 패킷 내용
역시 암호화해 신뢰성을 보장하지.

보통 패킷은 일반적인 IP를 통해
자유롭게 이동하지만, IPSec를
사용하는 디바이스나 라우터는
신뢰할 수 없거나 유효하지 않은
것으로 보이는 패킷을 모두 배제해.

암호화 기능은
패킷 헤더 정보를 제공한다.

IPSec는 이런 방식으로 서비스
거부(DoS. Denial-of-Service)
공격으로부터 데이터를 보호할 수
있어. '디도스 공격으로 서버 다운'
이라는 이야기를 한 번쯤 들어본
적이 있을 거야. 디도스(DDoS)는
분산 서비스 거부 공격(Distributed
Denial of Service attack)을 줄인
말로 가장 유명한 DoS 공격의
일종이야. DoS 공격자는 발신
주소를 각각 다르게 해서 엄청나게
많은 패킷을 한 IP 주소로 동시에
보내. 그러면 디바이스에 과부하가
걸려 모든 요청에 응답하지 못하지.
이렇게 노드를 먹통으로 만드는
것이 DoS 공격이야.

IPSec는 이런 공격으로부터
데이터를 지킬 수도 있고 패킷의
무결성·진본성·신뢰성 문제를
동시에 해결할 수 있는 좋은
방법이지만, 설정이 복잡하고
번거로워서 널리 쓰이지는 않아.

4

인터넷의 정보는
어떻게 움직일까?

지금까지 배운 점을 간단히 정리하면 다음과 같아.

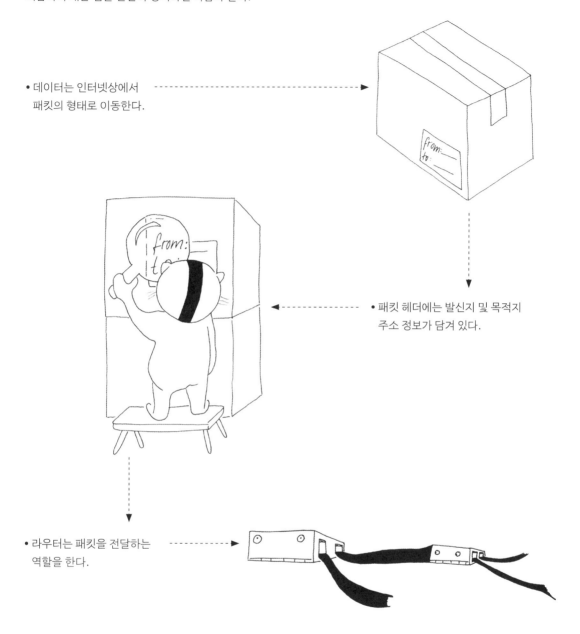

• 데이터는 인터넷상에서
  패킷의 형태로 이동한다.

• 패킷 헤더에는 발신지 및 목적지
  주소 정보가 담겨 있다.

• 라우터는 패킷을 전달하는
  역할을 한다.

이번 장에서는 경계 경로 프로토콜(BGP. Border Gateway Protocol)과 인터넷 익스체인지
포인트(IXP. Internet Exchange Points)를 활용해 패킷을 어느 경로로 보낼지 결정하는 과정을
살펴볼 거야. 나아가, 전송 프로토콜이 어떻게 인터넷상의 노드 간 연결을 구축하고 데이터를
패킷으로 분할하는지도 알아보도록 할게.

인터넷 지도

사실 인터넷은 하나의 거대한 단일 네트워크가 아니야.
ISP, 통신사, 학교 등에 속해 있는 수만 개의 작은
네트워크를 자율 시스템(AS)이라고 부르는데,
바로 이 AS가 하나하나 모여 전 세계를 연결하는
인터넷을 구성하지.

따라서 모든 사람은 항상 어떤 AS에 속한 상태로 인터넷을
사용하게 돼.

AS는 자율 시스템(Autonomous System)이라는 이름의 의미
그대로 각자 독립적·자율적으로 관리되고 있어.

이런 네트워크가 서로 연결되어 우리가 아는 인터넷을
구성하는데, 2020년 6월 기준으로[3] 존재하는 AS의 개수는
약 97,000개야. 아마 네가 지금 이 내용을 읽는 지금은 이미
10만 개를 돌파해 있을지도 몰라.

인터넷이 전 세계를 나타내는 지도라면 AS는 그 지도의 마을,
도시, 국가에 해당해. 한 도시에서 다른 도시로 갈 때 도로를
이용하듯이 AS도 경로로 연결되어 있어. 실제 도로처럼 어떤
경로는 규모가 더 커서 빠르게 이동할 수 있고, 또 어떤 경로는
비용을 지불해야 사용할 수 있지.

---

3 프랑스 쉬드파리 통신학교(Telecom SudParis) 조교수인 패트릭 메이그론(Patrick Maigron)의 연구와 매핑에
따르면, 전 세계 자율 시스템은 2020년 6월 기준으로 총 9만 7,004개 존재한다고 해.

경계 경로 프로토콜(BGP)

이런 연결을 가능하게 만드는 것이 바로 인터넷 라우팅 표준으로 통하고 있는 경계 경로 프로토콜 (BGP)이야.

BGP는 IP 패킷 라우팅 정보가 인터넷을 통해 AS 사이에서 교환되는 방식을 정의하는 대규모 프로토콜이야. BGP는 한 지점에서 다음 지점으로 패킷을 목적지까지 전달할 때 가장 짧고 비용이 저렴한 경로를 계산할 수 있지.

BGP를 사용하면 AS는 각자의 인터넷 구역을 관리하고, 각자의 방식으로 다른 네트워크까지의 경로와 거리를 참조할 수 있어. BGP에서 인터넷의 지도를 보고 길을 찾아갈 수 있는 셈이지. 하지만 인터넷을 통해 갈 수 있는 가능한 모든 경로가 그려진 완전한 지도를 보유한 BGP 서버는 거의 없어.

막다른 길

AS는 라우터를 통해 서로 연결된 수많은 컴퓨터로 구성돼. 이 중 전체 AS의 출입구 역할을 하는 라우터를 BGP 라우터라고 불러.

다양한 AS로 구성된 BGP 라우터는 끊임없이 서로 통신하는데 이를 세션(session)이라고 해. 세션이 시작되면 세션에 참여한 AS들은 서로 이웃이 되지. 이웃끼리 서로 통신할 때는 각자가 알고 있고 공유하고 싶은 모든 경로의 지도를 교환해. AS는 BGP를 사용해서 제시된 경로를 추적하고 다양한 속성에 따라 경로의 우선순위를 계산할 수 있어. 단, BGP는 해당 BGP가 속해 있는 AS에서 자체적으로 만든 지도를 선호하는 경향이 있어. BGP는 가장 짧고 효율적인 경로를 찾아야 하는데, 이웃한 AS를 거칠수록 경로가 길어지기 때문이야.

BGP는 매우 똑똑한 고성능 프로토콜이지만, 다른 AS의 BGP끼리 긴밀하게 연결되어 있어서 실수를 일으키거나 이상이 생기면 큰 문제로 번지기 쉬워. 어떤 이웃이 잘못된 지도를 공유하거나, 사실은 잘 알지 못하는 경로를 아는 척하는 경우 엄청난 교착 상태나 정체 상태를 유발할 수 있지. 실제로 국가 단위 이상의 대규모 인터넷 장애의 원인이 BGP인 경우도 있었어.

대등 접속

규모가 큰 AS끼리는 대도시처럼 크고 쾌적한 고속도로로 연결되어 있어. 인구수와 교통량이 비슷하다면 도시 간 고속도로 요금을 무료로 하는 편이 서로 이득이겠지? 인터넷에서는 이러한 경우를 대등 접속 (peering)이라고 해.

원래 두 AS가 서로 대등할 때는 데이터 트래픽을 서로 무료로 주고받을 수 있게 했어.

하지만 요즘에는 대등 접속인 경우에도 서로 요금을 내는 것이 점점 일반화되는 추세야. 요금을 내더라도 대등 접속 관계가 아닌 AS를 거치는 데 드는 비용보다 저렴한 경우가 많기 때문이야.

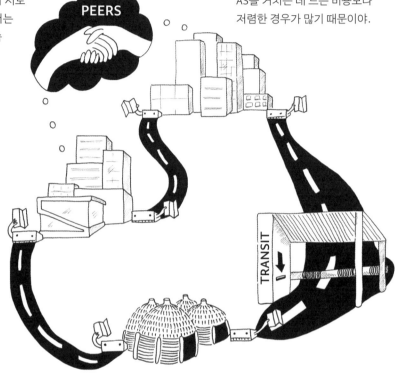

중계

규모가 작은 AS에서 발송된 패킷이 큰 AS의 크고 잘 닦인 도로를 통과하려면 그만큼의 요금을 내야 해. 소규모 AS가 자기보다 규모가 큰 AS와 데이터를 공유할 때도 마찬가지야.

더 많은 패킷을 전달할수록 당연히 요금도 올라가는데, 이를 중계(transit)라고 해. BGP가 인터넷을 통해 최적의 경로를 계산할 때는 거리뿐만 아니라 중계 접속도 고려하게 돼. ISP 네트워크

입장에서는 중계 접속 비용을 내는 것보다 조금 돌아가더라도 무료 경로로 패킷을 보내는 것이 효율적일 수 있기 때문이야.

BGP는 유연하게 패킷의 라우팅 경로를 최적화하지만, 인터넷을 통해 트래픽을 라우팅하는 유일한 방법은 아니야. 동적인 방식의 BGP와는 반대로, 라우팅을 정적으로 구성할 수도 있어.

인터넷 익스체인지 포인트(IXP)

인터넷 익스체인지 포인트(IXP)는 수십~수백 개에 달하는 AS의 물리적 연결점을 말해. 물리적 연결이라는 의미는 이더넷이나 광케이블, 데이터 센터 내 스위치나 라우터 등 다른 네트워크 장비를 통해 이어져 있다는 뜻이야. 그래서 보통 이런 데이터 센터나 IXP는 수천 대의 컴퓨터와 케이블이 연중무휴 운영되는 빌딩에 있지.

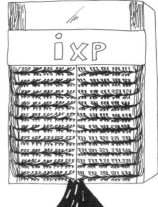

데이터 센터의 AS가 케이블로 연결되면 AS는 인터넷에 새로운 경로를 생성해. 도로 진입/출구 지점이 수백 개 연결된 거대한 고속도로 분기점을 상상해 봐. 그 도로에 연결 지점을 하나 더 만드는 것과 비슷한 일이야.

대등 접속과 중계 접속 계약은 구성원이 자동으로 대등해지는 IXP에서 AS 간의 관계에 필수적인 요소야. 따라서 IXP 연결은 다양한 네트워크나 AS에 걸쳐 리소스(resource. 자원)에 도달하기 위한 더 빠른 경로를 만들 수 있지. 이 덕분에 최종 사용자가 리소스에 신속하게 접근할 수 있는 거야.

전 세계에는 1,000개가 넘는 IXP가 있어. 이 중 240개는 유럽에, 340개는 북미에 있지.[4] BGP는 IXP에서 인터넷 트래픽 교환을 수월하게 할 수 있도록 도와.

---

4 2020년 6월 기준, IXP 같은 주요 인터넷 인프라의 운영 지원과 보안을 제공하는 국제 기구인 패킷 클리어링 하우스 (Packet Clearing House)는 전 세계에 1,061개의 IXP가 있다고 밝혔어.

전송 프로토콜

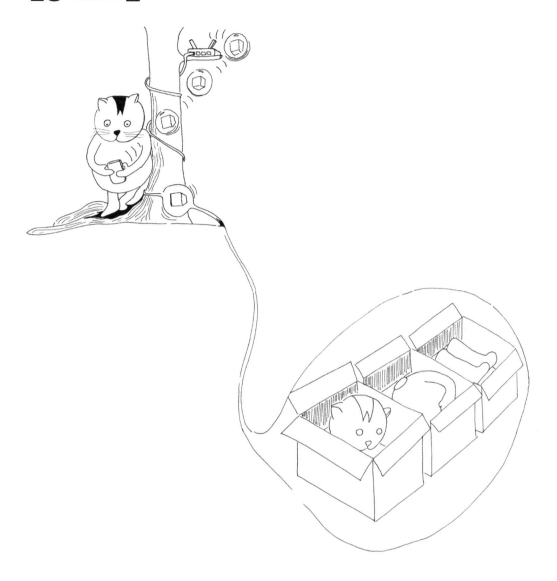

혹시 2장에서 설명한 내용을 아직 기억하고 있니? 2장에서 고양이 사진 한 장은 패킷
하나만으로 전송할 수 없기 때문에 사진 데이터를 여러 개로 분할해서 전송해야 한다고 말한
적이 있어. 그러면 발신자 쪽에서는 데이터를 작은 크기로 분할해야 하고, 수신자 쪽에서는
이를 다시 합쳐야 하겠지. 이 일을 담당하는 것이 바로 전송 프로토콜이야.
전송 프로토콜에는 여러 가지 유형이 있는데, 33쪽에서 잠깐 살펴본 적이 있어.
각 프로토콜은 데이터를 교환하는 다양한 유형에 맞춰 활용되고 있어. 여기서는 가장
대표적인 전송 프로토콜인 UDP, TCP, QUIC를 살펴보려고 해.

사용자 데이터그램 프로토콜(UDP)

사용자 데이터그램 프로토콜
(UDP. User Datagram Protocol)은
인터넷의 가장 기본적인
프로토콜이야. 데이터그램은 말
그대로 작은 단위의 데이터라는
뜻이지. UDP는 신뢰성이나
정확성보다는 속도를 우선시하는
특징이 있어.

우선 IP는 출발지(source)에서
대상 주소(host)로 패킷을 전송하는
방식을 결정해.

그러면 UDP는 이 패킷이
대상 주소에 도달했을 때, 어떤
소프트웨어로 콘텐츠를 처리해야
하는지 알려주는 정보를 데이터
전송에 추가해.

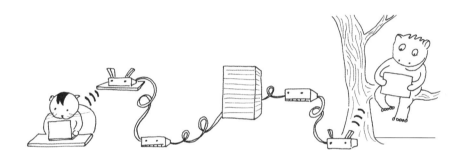

IP:
도서관에서   나무로

UDP:
도서관의   나무의
인터넷 전화 애플리케이션에서   인터넷 전화 애플리케이션으로

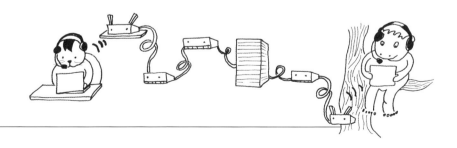

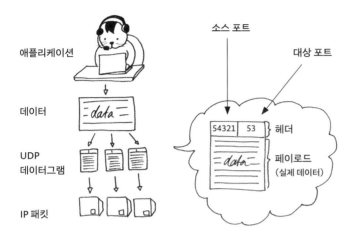

애플리케이션

데이터

UDP
데이터그램

IP 패킷

소스 포트

대상 포트

54321 53 헤더

페이로드
(실제 데이터)

UDP는 포트 번호(port number. 특정한 소프트웨어나 서비스와 연결된 번호)를 포함한 헤더를 각 데이터그램에 추가해. 헤더에는 소스 애플리케이션의 포트 번호와 대상 호스트에 있는 소프트웨어 또는 서비스의 포트 번호가 적혀 있어. 예를 들어 DNS 검색처럼 잘 알려진 인터넷 서비스는 포트 53을 포트 번호로 사용하지.

데이터가 분할되면 UDP는 이 데이터그램을 개별적으로 IP 소프트웨어에 보내. 그러면 소프트웨어는 각 데이터그램을 패킷으로 압축한 다음 인터넷을 통해 목적지로 보내지. 이때 'UDP 소스-대상 주소 체계'가 사용돼.(위 그림 참고)

참고로 UDP는 패킷이 목적지에 도착했는지, 올바른 순서로 도착했는지, 중간에 분실되었는지는 신경 쓰지 않아. 신뢰성보다 속도를 우선시한다는 말이 바로 이런 의미야. 따라서 UDP를 사용하는 애플리케이션은 자체적으로 이런 오류들을 수정해야 해.

강점도 약점도 확실한 UDP는 영상 통화, 동영상 스트리밍, 온라인 게임, 인터넷 전화(VoIP. Voice over IP) 애플리케이션처럼 빠르게 데이터를 전달하는 것이 중요하고, 지연된 패킷을 기다리거나 오류를 수정할 필요가 없는 경우에 많이 활용하고 있어. 예를 들어 동영상 스트리밍을 할 때 데이터그램 몇 개가 누락되더라도 보는 데는 별 지장이 없거든. 인터넷 전화를 쓸 때 목소리가 아주 잠깐 끊기거나 왜곡될 때가 있지? 이게 UDP가 데이터를 전송하다가 데이터그램이 누락되었을 때 생기는 현상이야.

인터넷 전화
(VoIP)

동영상 스트리밍

온라인 게임

전송 제어 프로토콜(TCP)

앞에서 본 것처럼 UDP가 효과적인 애플리케이션도 있지만, 어떤 애플리케이션에서는 느리더라도 모든 데이터를 올바른 순서로 재구성하는 것이 중요한 경우도 있어. 이처럼 패킷이 완전한 형태를 유지하면서 정확한 순서대로 목적지에 도달하려면 TCP를 전송 프로토콜로 사용하는 것이 가장 유리해.

WWW
이메일
P2P
파일 전송

이러한 장점 덕분에 TCP는 월드 와이드 웹(www. world wide web), 이메일, 개인 간 통신(P2P. Peer-to-Peer)를 비롯한 많은 애플리케이션에서 널리 쓰이고 있어. TCP는 오류를 수정할 수 있을 뿐만 아니라 패킷이 도착하면 순서를 정렬하고 검사하는 기능을 수행하기도 해.

두 애플리케이션이 인터넷으로 TCP를 통해 서로 패킷을 보내려 한다면, TCP는 양방향으로 데이터를 보낼 수 있도록 둘의 노드에 통신 채널을 구축해. 이 통신 채널을 파이프(pipe) 또는 스트림(stream)이라고 불러. 이 파이프 안에서는 과연 어떤 일들이 벌어지고 있을까?

TCP는 각 노드에서 애플리케이션이 보내려는 데이터를 더 작은 세그먼트(segment)로 만들고, 전송 과정을 추적할 수 있도록 세그먼트에 번호를 매겨. 애플리케이션이 데이터를 분할하면 TCP는 모든 세그먼트를 개별적으로 IP 소프트웨어에 전송하지. 그러면 각 세그먼트가 패킷으로 압축돼.

TCP는 패킷을 받는 애플리케이션이 수신한 세그먼트를 다시 전달받아. 그리고 세그먼트에 매긴 번호를 일일이 확인하면서 패킷이 제대로 전송되었는지 확인하는 과정을 거치게 돼.

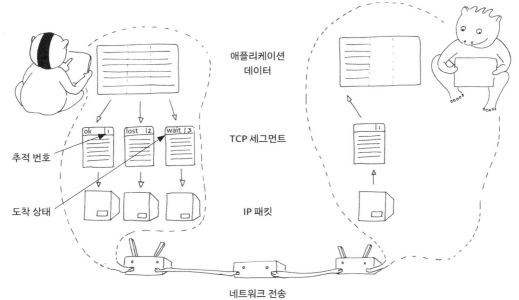

애플리케이션
데이터

추적 번호

TCP 세그먼트

도착 상태

IP 패킷

네트워크 전송

TCP를 사용하는 애플리케이션은 핸드셰이크(handshake)라는 작업을 3가지 방식으로 수행해서 패킷을 전달해. 전송을 시작할 때 애플리케이션은 우선 SYN-SYN/ACK-ACK라는 TCP를 통해 특별 패킷을 보내. 그 뒤에 진짜 내용이 담긴 패킷을 보내지. 참고로 SYN은 synchronized(동기화)에서, ACK는 acknowledge(인식하다)에서 따온 이름이야.

만약 패킷을 수신하는 애플리케이션이 발송된 패킷 하나를 인지하지 못하거나 패킷이 훼손되었다고 보고하면, 발신자 쪽의 TCP에서 이를 확인하고 해당 패킷을 다시 전송해. 애플리케이션이 한 패킷이라도 보내거나 받는 데 문제가 생기면 TCP는 이 문제가 해결될 때까지 파이프 안에 있는 다른 전송 패킷을 모두 대기시키지.

발신 애플리케이션이 네트워크로 모든 패킷을 전달하면, 수신 애플리케이션은 이를 하나씩 풀어서 원래 순서대로 나열하고 수신한 모두를 재정렬해. 그러고 나면 FIN-FIN/ACK-ACK라는 명령과 함께 마찬가지로 특별 패킷을 보내. 이 과정까지 끝나야 비로소 전송이 완료된 거야. 오른쪽 그림을 보면 좀 더 이해하기 쉬울 거야. 여기서 FIN은 finalized(마무리)를 의미해.

TCP를 통한 모든 패킷 전송은 이렇게 세 가지 핸드셰이크로 시작하고 종료돼. 번거롭다고 생각할 수 있지만, TCP는 속도보다 신뢰성을 중요하게 여기기 때문에 애플리케이션이 모든 패킷을 제대로 전달하기 위한 절차를 반드시 거쳐야 한다고 이해하면 돼.

이처럼 '번호 매기기'와 '세 가지 핸드셰이크'를 통해 TCP는 오류 검증을 거친 신뢰할 수 있는 데이터를 올바른 순서로 전송할 수 있어.

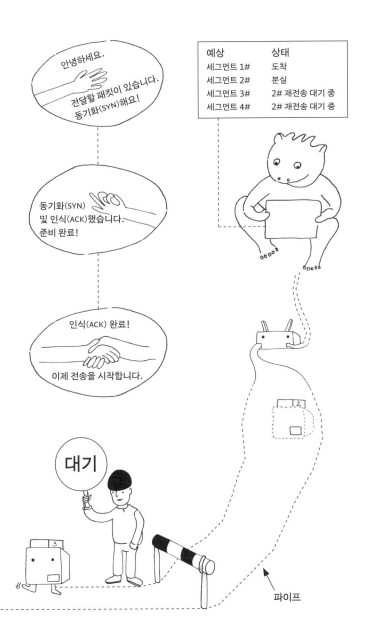

빠른 UDP 인터넷 연결(QUIC)

TCP는 높은 무결성과 신뢰성을 제공하지만, 그만큼 속도가 느리다는 결정적인 단점이 있어. TCP에서는 애플리케이션에서 데이터 발신 및 수신이 필요할 때마다 세 가지 핸드셰이크를 꼬박꼬박 수행해야 하거든. 만약 TCP 연결이 암호화되어 있다면 이보다 더 많은 핸드셰이크 과정이 필요해.

UDP의 속도와 TCP의 신뢰성 및 무결성을 모두 갖춘 전송 프로토콜이 있다면 인터넷 데이터 전송이 전반적으로 더욱 빨라지고 안전해지겠지? 빠른 UDP 인터넷 연결(QUIC. Quick UDP Internet Connections)은 TCP와 UDP의 장점만 취하기 위해 개발된 프로토콜이야.

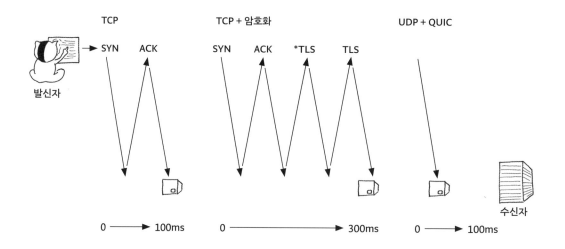

*TLS는 암호화 프로토콜의 일종이야. 자세한 건 74쪽에서 다루도록 할게.

QUIC에서는 기본적으로 UDP 전송 프로토콜을 사용해서 패킷을 보내. 다른 점은 UDP가 데이터그램을 보내서 이를 IP 패킷으로 만드는 방식이었다면, QUIC는 자신만의 고유한 방식으로 데이터그램을 준비하지.

QUIC는 TCP처럼 순서대로 패킷을 전달하는 방식을 채택했어. 따라서 QUIC 데이터그램에는 수신자 쪽에서 활용할 수 있는 QUIC 프로토콜 정보가 포함되어 있어. 이를 통해 수신된 데이터그램을 추적하고 순서를 맞출 수 있게 돼.

이와 더불어 QUIC 데이터그램에는 TCP 파이프의 신뢰성을 확보하기 위해 연결 ID(connection ID)라는 요소가 포함되어 있어. 연결 ID는 IP 주소가 바뀌더라도 발신자나 수신자가 서로 알아보고 연결을 유지해 주는 역할을 해. 집에서 밖으로 나갈 때 스마트폰이 홈 네트워크에서 3G로 연결이 자연스럽게 유지되며 전환되는 것처럼 말이야.

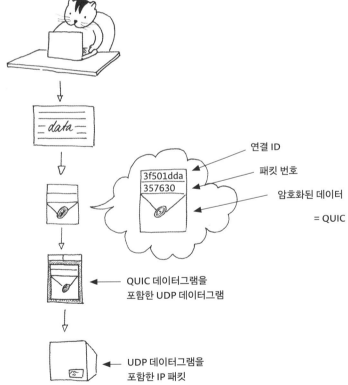

연결 ID
패킷 번호
암호화된 데이터

= QUIC

QUIC 데이터그램을 포함한 UDP 데이터그램

UDP 데이터그램을 포함한 IP 패킷

QUIC에서 패킷은 기본적으로 암호화되어 있어. 따라서 중간에 거치는 중개 노드가 패킷에 접근하거나 콘텐츠를 변조하지 못하도록 막아. 이 암호화에 관한 구체적인 내용은 5장에서 설명할게.

하지만 QUIC는 데이터 처리를 할 때 TCP처럼 단일 스트림에 의존하지 않아. 이 말은 한 세그먼트에 오류가 생겼을 때 그것이 해결될 때까지 다음 세그먼트들을 계속 대기시킬 필요가 없다는 뜻이야. QUIC는 오류가 발생하면 해당 오류가 수정될 때까지 기다리지 않고 나머지 데이터를 처리할 수 있지.

5

인터넷에서
사람과 정보는 어떻게
관계를 맺을까?

도메인 이름 체계(DNS)

앞에서 IP 주소 형식에 관해 잠깐 살펴봤지? IPv4이든 IPv6이든, 아마 사람 머리로는 숫자로만 나열된 IP 주소들을 모두 기억하기가 쉽지 않을 거야. 나 같은 고양이에게는 훨씬 더 어려운 일이야!

그래서 도메인 이름 체계(DNS. Domain Name System)가 생겨났어. DNS는 공개적이고 분권화된 데이터베이스야. DNS를 사용하면 숫자가 아닌 문자 형식의 고유한 이름을 IP 주소, 위치, 기타 데이터(소유자 이름, 연락처 정보, 등록일 및 만료일, 기타 기술 세부 사항 등)와 연결할 수 있지.

DNS를 '인터넷 전화번호부'라고 부르기도 해. 우리는 보통 서버가 제공하는 서비스에 접근하려고 할 때는 복잡한 IP 주소 대신 기억하기 쉽고 고유한 단어로 구성된 도메인 이름을 사용하기 때문이야. 예를 들어 우리는 숫자가 나열된 IP 주소 대신 www.naver.com이나 www.google.com을 입력해서 사이트에 접속하잖아? 이 주소가 바로 DNS야.

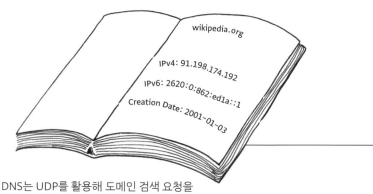

DNS는 UDP를 활용해 도메인 검색 요청을 보내고 이에 응답해. (UDP의 활용 방식은 4장 참고)

도메인 이름은 최소 두 부분(섹션)으로 구성되어 있어. 두 섹션은 점으로 구분해. 점(.) 앞에 오는 것은 차상위(Second Level) 이름이고 점(.) 뒤에 오는 것은 최상위 도메인(TLD. Top Level Domain)이라고 해. 즉 점으로 구분된 이름들은 뒤에 있을수록 더 상위 차원의 영역을 포함한다고 생각하면 돼.

도메인 이름 예시	명칭 공간	관리자	영역
en	호스트 이름	도메인 소유자	서브도메인
.wikipedia	차상위 이름	도메인 대행업체, 도메인 소유자	도메인
.org	최상위 이름	레지스트리 또는 TLD 운영업체	최상위 도메인
.	.	ICANN	루트

영문 위키피디아 도메인 주소의 이름을 나눠 놓은 표

DNS는 통제하는 영역에 따라 계층적 구조로 구성돼. 다시 말해 각 수준마다 담당하고 있는 관리 제어 영역(zone)이 있다는 거야. 이를 명칭 공간(namespace)이라고도 불러. 각 영역을 하나씩 설명해 줄게.

en

.wikipedia

.org

.

하위 영역(서브도메인 영역): 도메인 소유자는 서브도메인은 물론 서브-서브도메인, 서브-서브-서브도메인 등을 만들 수 있어. 즉 en은 wikipedia라는 도메인의 영어판본(en)임을 나타내는 서브도메인이야. 이에 따르면 한국어 위키피디아 주소인 ko.wikipedia.org에서는 ko가 서브도메인이 되는 것이지. 물론 서브도메인 및 그 하위 수준에서도 명칭 공간은 유지해야 해. 관리자는 다양한 목적에 따라 서브도메인(호스트 이름)을 할당할 수 있어. 지금 예시에서는 언어를 구분하기 위한 목적으로 서브도메인을 할당한 거야. 단, 도메인 레지스트리나 도메인 관리 대행업체에서 서브도메인이나 호스트 이름을 따로 구매할 수는 없어.

도메인 영역: 도메인 이름은 국제인터넷주소관리기구(ICANN. Internet Corporation for Assigned Names and Numbers)에서 도메인 이름 판매를 허가받은 단체 또는 도메인 대행업체(registrar)를 통해 누구나 사서 쓸 수 있어. 이렇게 도메인 이름을 구매한 사람은 등록자(registrant)가 되지.

TLD 영역: 이 영역은 '.com' '.org' 또는 '.net' 등의 일반 최상위 도메인(gTLD. generic Top Level Domain)과 '.kr' '.jp' '.uk' 같은 국가 코드 최상위 도메인(ccTLD. country code Top Level Domain)으로 나뉘어. 현재 약 300개 정도의 ccTLD와 1,200개가 넘는 gTLD가 존재해. gTLD는 그 수가 점점 늘고 있지. 각 TLD는 레지스트리(registry)를 통해 기술적인 유지 관리와 서비스를 제공하고 있어.

루트 영역: DNS 루트 서버는 ICANN에서 관리하고 있어. 현재 지구에는 13개의 루트 서버가 있는데, 여기에서 모든 최상위 도메인에 해당하는 레지스트리를 호스팅해. 루트 영역은 여러 개의 자율 및 이중 루트 서버를 사용해 DNS의 복원력을 유지하고 있지.

도메인 이름 레지스트리는 ICANN에서 TLD를 관리하기 위해 적용하는 데이터베이스야. 국가 레지스트리는 보통 정부 기관과 연관되어 ccTLD(국가별 최상위 도메인)를 관리하지. 레지스트리는 구매자 또는 도메인 대행업체가 각자의 TLD 영역에 따라 도메인을 소유 또는 판매하는 데 필요한 조건을 정의하는 역할을 해.

그럼 잘 이해했는지 테스트해 볼까? 64쪽에 있는 표를 참고해서 'unique-and.memorable.com'이라는 주소에 관한 질문에 답해보자.

이 도메인 이름의 관리자는 누구일까?

.memorable은 무슨 영역일까?

호스트 이름은 무엇일까?

최상위 이름은 무엇일까?

정답: .com

정답: unique-and

정답: 등록자, 대행업체, 레지스트리/TLD 공영업체, ICANN

정답: 도메인

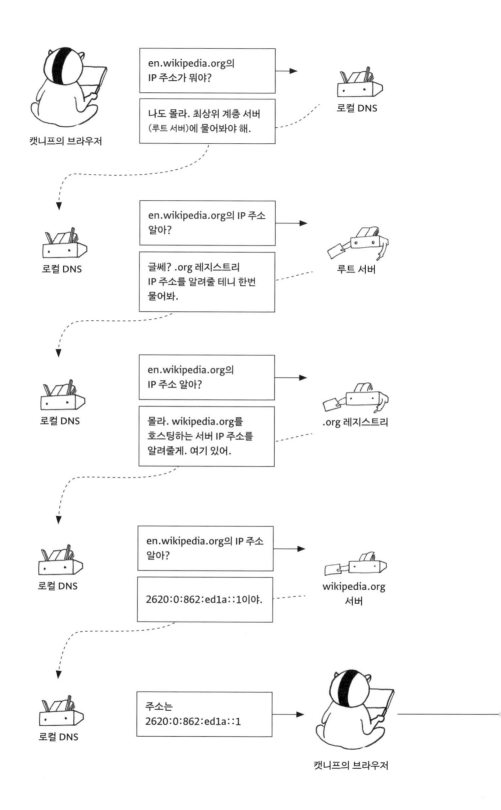

캣니프의 브라우저

en.wikipedia.org의
IP 주소가 뭐야?

나도 몰라. 최상위 계층 서버
(루트 서버)에 물어봐야 해.

로컬 DNS

로컬 DNS

en.wikipedia.org의 IP 주소
알아?

글쎄? .org 레지스트리
IP 주소를 알려줄 테니 한번
물어봐.

루트 서버

로컬 DNS

en.wikipedia.org의
IP 주소 알아?

몰라. wikipedia.org를
호스팅하는 서버 IP 주소를
알려줄게. 여기 있어.

.org 레지스트리

로컬 DNS

en.wikipedia.org의 IP 주소
알아?

2620:0:862:ed1a::1이야.

wikipedia.org
서버

로컬 DNS

주소는
2620:0:862:ed1a::1

캣니프의 브라우저

도메인 이름은 어떻게 IP 주소로 변환될까?

도메인 이름을 사용해서 어떤 서비스에 접근할 때, DNS는 그 이름을 IP 주소로 변환해 줘. 이 말은, DNS에는 해당 서비스가 호스팅되는 IP 주소의 검색 방법을 정의하는 프로토콜이 있다는 뜻이야. 브라우저의 주소창에 도메인 이름(예를 들면 en.wikipedia.org)을 입력하면, 브라우저는 DNS 서버에 DNS 요청을 생성해.

인터넷 서비스 공급자는 기본적으로 자신의 클라이언트가 도메인 이름을 검색하고 그 이름에 해당하는 IP 주소를 보내주는 DNS 서버를 운영하고 있어. DNS를 요청하면, 도메인 이름에 해당하는 IP 주소를 검색해서 브라우저가 'en.wikipedia.org'의 내용에 관한 요청을 인터넷에 있는 올바른 서버로 보내도록 해.

홈 라우터가 IP 주소를 할당하고 이를 컴퓨터에 보낼 때는 도메인 이름을 IP 주소로 변환할 수 있는 DNS 서버 주소도 함께 보내. 이 주소는 홈 라우터의 주소일 수도 있고, DNS 검색을 수행하는 이름 서버(name server)일 수도 있어. 이것을 로컬 DNS 변환기(local DNS resolver)라고 부르지.

예를 들어 내가 엣지, 크롬, 파이어폭스 같은 인터넷 브라우저에 도메인 이름을 입력하면, 이 브라우저는 로컬 DNS 변환기에 해당 도메인 이름의 IP 주소를 문의해. 로컬 DNS 변환기가 주소를 모르는 경우에는 최상위 계층 서버, 즉 루트 서버에 다시 문의하지. 만약 루트 서버도 모른다면, 로컬 DNS 변환기에 최상위 도메인 서버(TLD)의 IP 주소를 알려줘. TLD에서도 알 수 없는 주소는 해당 도메인 이름에 IP 주소를 부여하는 도메인의 서버 IP 주소를 알려주지. 최종적으로 로컬 DNS 변환기는 이 IP 주소를 내가 쓰는 브라우저로 보내서 해당 사이트에 접속할 수 있게 해 주는 거야.

주소창에 사이트 이름을 입력하고 엔터 버튼만 누르면 그 사이트로 연결되는 것처럼 보이지만, 이 속에는 이렇게나 많은 연결 과정이 있어. DNS 요청을 처음 생성한 뒤에는 브라우저, 컴퓨터, ISP 모두가 이 정보를 각자 저장해서 나중에 같은 DNS 요청이 오면 더욱 빠르게 처리할 수 있어. 이것을 캐시(caches)라고 해. 흔히 컴퓨터를 검사하거나 정리할 때 '캐시 초기화' '캐시 삭제'라는 말을 쓰지? 이때 삭제하는 캐시가 바로 이런 기존 정보들이야.

DNS 보안 확장(DNSSEC)

DNS는 DNS 검색 과정에서 제어권을 빼앗기기 쉬워. 이때 제어권을 탈취한 공격자는 사용자를 유해 웹사이트로 유도해서 사용자 이름과 비밀번호 같은 개인 정보를 수집할 수 있기 때문에 반드시 주의해야 해.

이를 예방하기 위해 IETF는 DNS 프로토콜에 'DNS 보안 확장 프로토콜'이라는 것을 추가했어. 이를 DNSSEC(DNS Security Extensions)라고 부르는데, 한마디로 말하면 누군가 DNS의 데이터를 위조하거나 변조하는 것을 차단하는 기능이야. DNSSEC는 데이터를 보내기 전에 DNS 데이터에 전자 서명 값을 첨부하고, DNS 변환기에 수신 데이터를 검증할 수 있는 장치를 마련해.

DNSSEC는 이 전자 서명에 신뢰성을 부여하기 위해서 신뢰 체인(trust chain)을 활용해. 신뢰 체인을 생성하는 과정은 다음과 같아.

ICANN은 루트 영역에 서명하는 키를 소유하고, 이 키를 TLD 레지스트리에 게시해.

그러면 TLD 영역의 운영자는 자신의 키를 ICANN에 보내지.

도메인 소유자 역시 자신의 키를 생성한 다음 이를 도메인 대행업체에 업로드하고,

도메인 대행업체는 도메인 소유자의 키를 TLD 영역 운영자에게 전달해.

TLD 영역 운영자는 도메인 소유자의 키에 서명하고 이를 DNS에 게시해.

DNS를 검색할 때 DNSSEC를 시행하면 위와 같은 방식을 거쳐 각각의 검색 결과를 검증하고 신뢰할 수 있어.

HTTPS를 통한 DNS(DOH)

DNSSEC는 신뢰 체인을 구축해서 DNS 요청을 검증하지만 정보 프라이버시를 보호하기는 어려워. 왜냐하면 DNS 요청들을 각각 구분하고 식별할 수 있기 때문이야.

IETF 커뮤니티는 프라이버시 문제를 해결할 목적으로 HTTPS를 통한 DNS(DOH. DNS over HTTPS)라는 새로운 DNS 프로토콜을 개발했어. 즉 HTTPS는 웹사이트에 더욱 안전하게 연결해 주는 프로토콜이라고 이해하면 돼.

DOH는 DNS 요청을 ISP의 로컬 DNS 변환기에 보내는 대신, HTTPS(HTTP + TLS)에서 암호화된 연결을 사용해서 애플리케이션이나 사용자가 선택한 DNS 변환기에 접속해. 그 덕분에 로컬 ISP처럼 접속에 관여하는 중개자라도 DNS 요청을 식별할 수 없지. 반면 사용자는 신뢰할 수 있는 DNS 공급자를 식별할 수 있게 돼. 결과적으로 사용자에게 더 많은 프라이버시를 보장해 줄 수 있는 거야.

HTTPS의 자세한 메커니즘은 처음 듣는 사람이 많겠지만, HTTPS 자체는 인터넷을 하면서 흔히 접해봤기 때문에 그리 낯선 용어가 아닐 거야. 그만큼 널리 사용되는 프로토콜이라서 도메인 차단으로 검열하기가 매우 어려워. 단, 이는 DOH 변환기가 모두 같은 엔티티(entity. 동일 속성으로 구성되는 개체)에 속하지 않고 분권화되어 있어야 가능해. 같은 엔티티에 있으면 자체적으로 검열이 가능하기 때문이야.

하이퍼텍스트 전송 규약(HTTP)

하이퍼텍스트 전송 규약(HTTP. Hypertext Transfer Protocol)은 하이퍼텍스트를 교환하거나 전송할 때 사용하는 프로토콜이야. 하이퍼텍스트란 하이퍼링크(hyperlink)라는 논리적 링크를 사용해서 다른 노드의 콘텐츠를 참조하기 위해 구조화된 텍스트를 말해. 아마 인터넷 주소에서 'http://'를 수없이 봐왔을 거야. 일상에서 웹사이트에 연결할 때마다 이 HTTP를 사용하기 때문이지. HTTP는 월드 와이드 웹(www)에서 데이터 통신을 할 수 있는 기반 역할을 해.

HTTP는 기본적으로 클라이언트-서버 모델을 사용하는 요청-응답 프로토콜이야. 말 그대로 클라이언트가 뭔가를 요청하면, 서버가 응답하는 과정에서 사용되는 프로토콜이라는 뜻이지. 웹사이트에 방문해서 영화를 보거나, 스마트폰으로 앱을 사용하거나, 브라우저로 데이터를 업로드할 때 클라이언트는 서버에 HTTP 요청 메시지를 보내.

그럼 HTML 파일, 이미지, 동영상, 기타 콘텐츠 등의 리소스를 제공하는 서버는 클라이언트에 응답 메시지를 회신해. 이 응답에는 완료 상태, 요구받은 콘텐츠 등의 요청 관련 정보가 포함되어 있지.

HTTP는 응용 계층에서 작동해. 이 말의 의미는 최상위 차원에서 웹 브라우저와 웹 서버가 서로 이해하고 소통할 수 있게 돕는 언어(프로토콜)라는 뜻이야. 하위 차원인 실제 데이터 전송은 전송 계층 프로토콜(TCP)로 이루어져.

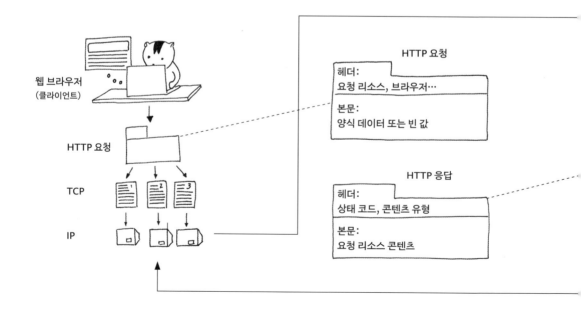

서버가 응답할 때는 요청할 때 사용한 것과 같은 TCP 연결로 HTTP 데이터를 다시 보내. 이러한 HTTP 응답을 통해 메시지 본문을 회신하지. 이 메시지에는 요청된 데이터나 콘텐츠(HTML 페이지, 이미지, 동영상, 파일 등)가 포함되어 있어. 응답 속에는 데이터를 설명하는 HTTP 헤더가 추가로 달려 있지.

HTTP 헤더

HTTP는 HTTP 헤더에 요청 및 응답에 관한 정보를 모두 저장하고 브라우저와 웹 서버는 이 헤더를 읽어. 사용자에게는 헤더가 보이지 않지만, 클라이언트와 서버 사이에서 다양한 유형의 정보(반환되는 데이터 유형, 디바이스 운영체제, 사용 중인 브라우저 유형, 요청된 콘텐츠 유형 등)를 전송하는 데 매우 중요한 요소야. 헤더와 함께 요청의 결과가 어떻게 되었는지 보고하는 HTTP 상태 코드를 전달하기도 해. HTTP 상태 코드의 예시는 다음과 같아.

HTTP 상태 코드 예시

200 = 성공(요청 완료)

301 = 영구 이동(리디렉션)

404 = 찾을 수 없음

418 = I'm a teapot
(나는 찻주전자입니다.)[5]

451 = 법적인 이유로 이용 불가

500 = 내부 서버 오류

상태 코드 404는 인터넷을 사용할 때 가장 흔하게 나타나는 코드로 '404 오류'로도 불리며, 요청된 리소스를 서버에서 찾을 수 없음을 나타내.

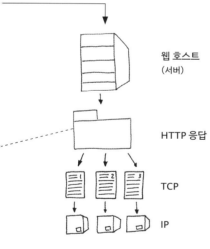

웹 호스트
(서버)

HTTP 응답

TCP

IP

---

5 HTTP 상태 코드 418은 '서버가 찻주전자라서 이것으로는 커피를 끓일 수 없음'이라는 기묘한 의미를 지니고 있어. 이 코드는 1998년 만우절 장난 으로 HTTP 프로토콜에 추가된 '하이퍼텍스트 커피 포트 제어 프로토콜 (HTCPCP)'에서 사용된 코드야.

보안 HTTP: HTTPS

참고로 HTTP는 프라이버시에 민감하지 않아. ISP가 제어하는 라우터, 중개 디바이스, 사용자가 방문하는 웹사이트는 HTTP 헤더와 발신 및 대상 IP 주소는 물론, 응답 데이터까지 HTTP를 통해 전송되는 모든 정보를 읽고 수정할 수 있거든. HTTP 자체는 암호화되지 않기 때문이야.

이에 따라 프라이버시와 보안 기능을 강화한 **HTTPS(보안 HTTP. Secure HTTP)**가 등장했어.

HTTPS는 HTTP 메시지를 네트워크로 전송하기 전 암호화된 봉투에 메시지를 넣어. 이 봉투 안에는 메시지 본문과 HTTP 헤더가 있고, 발신 및 대상 IP 주소는 암호화하지 않아. 따라서 어느 노드가 서로 통신해야 하는지는 봉투를 뜯지 않아도 알 수 있지.

HTTPS는 하이퍼텍스트 전송 규약 보안(Hypertext Transfer Protocol Secure)이라고도 불리는데 원래 줄임말은 아니야. 암호화 프로토콜인 전송 계층 보안 (TLS. Transport Layer Security) 이라는 방법을 사용해 HTTP 연결을 보호한다는 뜻이지. TLS에 관해서는 바로 뒤에서 좀 더 자세히 다루도록 할게.

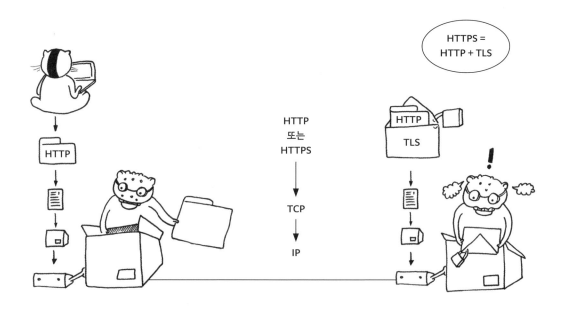

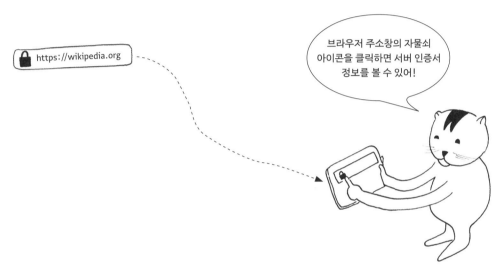

브라우저 주소창의 자물쇠 아이콘을 클릭하면 서버 인증서 정보를 볼 수 있어!

https://wikipedia.org

브라우저 주소창에서 위와 같은
자물쇠 모양을 본 적이 있니?
이 자물쇠는 웹사이트가 HTTPS로
운영되고 있다는 뜻이야. 지금
인터넷을 켜서 아무 웹사이트나
들어가 보면 대부분 주소창 맨 앞에
자물쇠 모양이 달려 있을 거야.

HTTPS 운영은 서버나 웹사이트
소유자가 클라이언트에게 보안
연결을 제공할 수 있는 능력이
있는지에 달려 있어. 다시 말해
유입되는 클라이언트 트래픽을
HTTP 포트가 아닌 HTTPS 포트로
수정(리디렉션)할 수 있냐는 뜻이지.

전송 계층 보안(TLS)

앞서 배운 HTTPS를 한마디로 정리하면 'HTTP 메시지를 암호화된 메시지 봉투에 넣는
방법'이라고 할 수 있어. 이때 TLS라는 암호화 프로토콜이 메시지 봉투를 밀봉하는 도구가 돼.

TLS의 주요 기능은 전송 중인
데이터의 프라이버시 확보, 통신
노드의 ID 검증, 데이터 분실 또는
변조를 예방하는 메시지 무결성
점검 등이야. 할 수 있는 일이 아주
많지? 차근차근 설명해 줄게.

서버와 클라이언트 간에 TLS
연결을 설정하려면 통신 노드가
핸드셰이크를 해서 공유 비밀 키를
구성해야 해. 양 노드의 연결이
설정되고 비밀 키를 공유하면
이 둘 사이에서 교환되는 모든
데이터가 암호화되지.

TLS는 웹사이트, 이메일, 채팅 등
다양한 곳에서 광범위하게
활용되고 있어. QUIC과 DOH도
TLS를 기본으로 사용해.

TLS는 신뢰할 수 있는 제3자
조직인 인증 기관(**CA, Certificate
Authorities**)을 활용해.
CA는 디지털 인증서를 서비스
운영업체에 발급해서 운영업체의
키 소유권을 증명해 줘. 인증서에는
서버 이름, 소유자 ID, 공개키 사본,
CA 암호화 서명 등의 정보가 들어
있지. 이 인증서는 단일 또는
복수의 도메인 이름에 모두 발급될
수 있어.

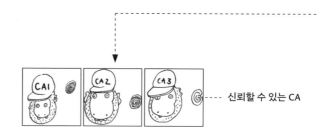

신뢰할 수 있는 CA

클라이언트 애플리케이션(웹사이트,
이메일, 채팅 등)은 데이터를 교환하기
전에 인증서를 검증해서 올바른
서버와 통신하고 있는지를 확인해야
해. 확인 절차는 간단한데,
애플리케이션이 핸드셰이크를 할 때
신뢰할 수 있는 CA 목록과 인증서
서명이 자동으로 대조돼.

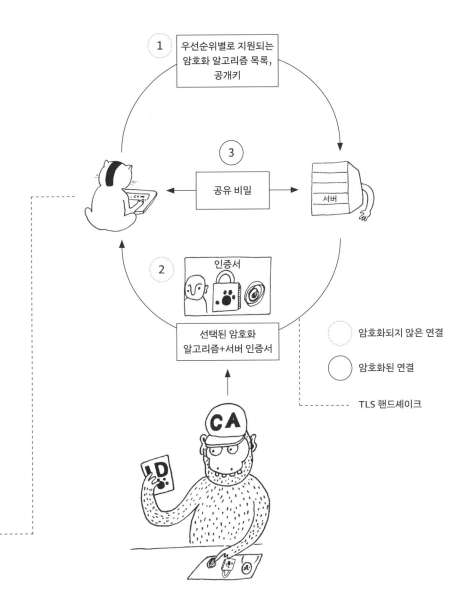

하지만 TLS 신뢰 방식은 취약한
점이 많아. CA 자체가 훼손될 수
있고 강제로 위조 인증서가 발급될
수도 있어. 클라이언트
애플리케이션이 이를 수락하면서
다양한 속임수에 넘어갈 가능성도
높아.

보안을 강화할 수 있는 암호 기법과
전송 암호화에 관해서는 바로
뒤에서 자세히 알아보도록 할게.

서버 이름 표시(SNI)

서버는 한 IP 주소로 여러 개의 웹사이트나 서비스를 호스팅하는 경우가 많아.
그래서 서버는 클라이언트에게 어떤 웹사이트의 인증서를 보여줘야 하는지 알 수가
없게 되었지. SNI는 이 문제를 해결하기 위해 만들어진 방법이야.

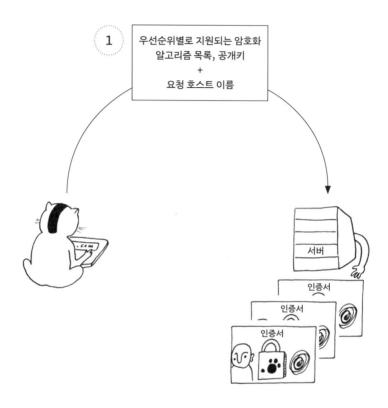

바로 앞에서 배운 TLS
핸드셰이크를 기억하고 있니?
HTTPS(HTTP+TLS)를 사용해서
연결을 암호화할 때, 클라이언트와
서버는 HTTPS 세션을 시작하기
전에 먼저 TLS 핸드셰이크를
수행해야 해. 그러나 이 작업은
클라이언트가 어느 웹사이트를
요청하는지 서버가 알아야 수행될
수 있어.

서버 이름 표시(SNI. Server Name
Indication)는 TLS의 확장 표준 중
하나야. SNI는 클라이언트가
서버에 요청하는 호스트의 이름이
무엇인지 구체적으로 알려줘. 즉
서버가 해당 호스트 이름에 적합한
인증서를 표시하도록 하는 거야.

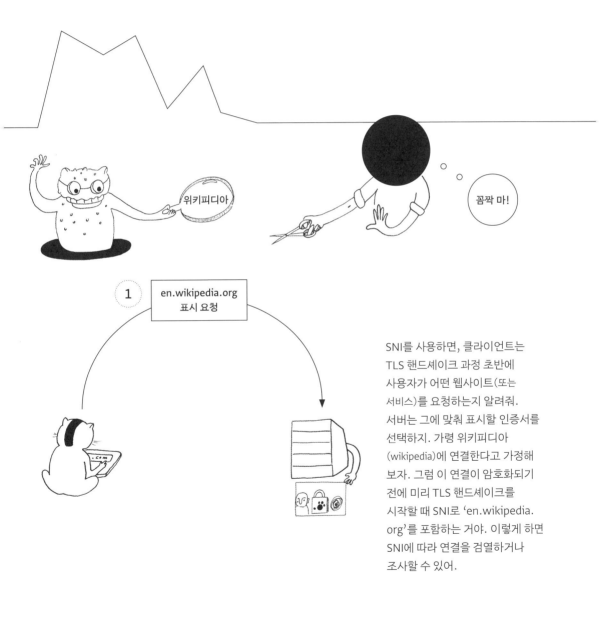

SNI를 사용하면, 클라이언트는 TLS 핸드셰이크 과정 초반에 사용자가 어떤 웹사이트(또는 서비스)를 요청하는지 알려줘. 서버는 그에 맞춰 표시할 인증서를 선택하지. 가령 위키피디아(wikipedia)에 연결한다고 가정해 보자. 그럼 이 연결이 암호화되기 전에 미리 TLS 핸드셰이크를 시작할 때 SNI로 'en.wikipedia.org'를 포함하는 거야. 이렇게 하면 SNI에 따라 연결을 검열하거나 조사할 수 있어.

암호(Cryptography)

에드워드 스노든의 증언(21쪽 참고)으로 정부와 민간 기업이 사용자가 인터넷에서 하는
행동에 관한 정보를 수집하고 공유한다는 사실이 공공연하게 퍼졌어. 초기의 인터넷은
완전한 개방형이면서 상호 운용이 가능하도록 설계되었어. 이는 전 세계 인터넷 사용자와
유비쿼터스 네트워크(ubiquitous network)를 위험에 빠뜨릴 가능성을 간과한 방식이었지.
인터넷 엔지니어들은 이 약점을 보완하기 위해 서버와 인터넷 인프라 보안 강화 등의 조기
보안 태세를 구축했지만, 대규모 감시나 표적 공격 같은 위협에서 사용자 프라이버시를
보호하는 데는 여전히 취약해. 즉 서비스 보안 확보라는 목적과 사용자 프라이버시 보호라는
목적 사이에서 팽팽한 줄다리기를 하고 있는 셈이야.

암호 기법

암호(cryptography)는 통신 보안을 확보하기 위해 활용해. 일반적으로는
'서명'과 '암호화'라는 두 가지 암호 기법이 쓰여.

데이터 서명

데이터가 진짜라는 것을 확인하는
한 가지 방법은 데이터에 암호로
서명을 하는 거야. 예술 작품에
고유한 자필 사인을 남겨 진본임을
증명하는 것과 같아. 다른 점은
서명을 수학적인 방식으로

남긴다는 것이지. 이것을
인증(authentication)이라고 해.

데이터 서명 방식은 사용자나
기계가 서로 통신하고 수·발신
데이터를 인증하는 수많은 암호

절차에 널리 쓰여. 채팅, 메시지,
이메일, 패킷, 심지어는 서명 그
자체에도 사용돼.(즉 서명을 인증하는
용도로 사용되는 서명인 거야!)
말 그대로 온갖 데이터에 암호화된
서명을 할 수 있어.

앨리스는 메시지나 파일을
인증하기 위해 디지털 지문을
추가해서 데이터에 자신의 서명을
남겼어.

수신자는 자신이 가진 앨리스의
지문 사본과 원본을 대조할 수
있어.

지문이 훼손되거나 원본과 다르게
변조되었다면 수신자는 이 데이터가
진본인지 확신할 수 없지.

암호화

또 다른 암호 기법은 암호화(encryption)야. 암호화는 서명 대신 아예 비밀 메시지를 쓰는 방식이야. 원래는 그대로 읽을 수 있는 텍스트를 바로 읽을 수 없도록 암호문(ciphertext)으로 변환하는 작업이지. 반대로 암호문을 평문(plaintext)으로 바꾸는 작업은 복호화(decryption)라고 해. 이와 같은 메시지 암호화 및 복호화 과정을 암호화 알고리즘 또는 암호(cipher)라고 불러.

단순한 암호화 알고리즘은 아래 그림처럼, 각 글자를 정해진 숫자만큼 뒤에 있는 알파벳으로 치환하는 거야. 이처럼 시프트(shift)되는 매개변수를 키(key)라고 해. 이 키를 알아야 복호화 작업을 수행할 수 있어. 이 경우에는 알파벳을 4글자 앞으로 옮기는 것이 키라고 할 수 있지.

ABCDEFGHIJKLMNOPQRSTUVWXYZ

키 = 4글자 시프트[6]

DEFGHIJKLMNOPQRSTUVWXYZABC

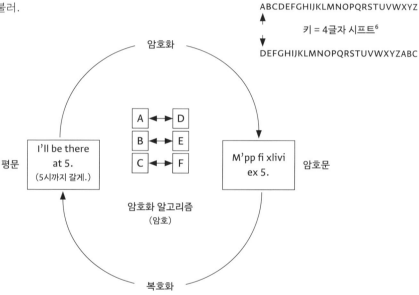

누군가가 이 키를 쉽게 유추할 수 있다면 메시지를 복호화하기도 쉬울 거야. 키를 유추하는 작업은 보통 컴퓨터가 자동으로 수행해. 올바른 키가 나올 때까지 수많은 경우의 수를 시도하는 것이지.

따라서 최신 암호화 알고리즘 에서는 컴퓨터로도 키를 유추하는 데 적어도 수년이 걸릴 정도의 복잡한 수학 문제를 활용해서 키를 만들어.

예를 들어 두 정수를 곱하는 작업($97 \times 13,395 = 1,299,315$)은 매우 쉽지만, 반대로 계산 결과만 보고 원래의 두 정수를 찾기는 매우 어려워. ($1,299,315 \div x = y$) 이처럼 간단하면서도 키를 유추하기 어려운 방법들이 있지.

---

6 이와 같은 암호화 방법을 카이사르 암호(Caesar cipher)라고도 불러.

최신 암호화 알고리즘은 크게 대칭키 알고리즘과 비대칭키 알고리즘의
두 가지 방식이 있어. 어떤 암호화 알고리즘은 두 가지 유형을 결합하거나
추가 기능을 더하기도 해.

대칭형 암호

대칭형 암호(symmetric cryptography)는 발신자가
암호를 푸는 비밀 키와 수신자가 암호를 푸는 비밀
키를 똑같은 것으로 사용하는 방식을 말해.

비대칭형 암호

비대칭형 암호(asymmetric cryptography)는 언제나 두 가지 유형의
키(공개키, 개인키)를 사용하는 방식이야. 이런 방식을 비대칭 암호 또는
공개키 암호(public key cryptography)라고 불러. 한쪽만 개인키를
소유하고 있기 때문에 비대칭이라는 이름이 붙었어.

개인키

공개키

개인키는 한 암호에서만 사용하는
고유한 키야. 그 암호의 소유자만이
개인키를 서명과 데이터 복호화에
사용할 수 있지. 따라서 누구에게도
알려주지 말고 반드시 비밀로 해야
해. 소유자가 암호화된 데이터나
메시지를 보낼 때는 개인키 대신
공개키를 복사해서 보내야 할
사람에게 줄 수 있어.

예를 들어 내가 어떤 데이터를
드래곤만 읽을 수 있도록
암호화하려면, 일단 드래곤의
공개키 사본(복사본)이 필요해.
즉 드래곤의 공개키를 사용해
데이터를 암호화하는 거야.

이때 나는 드래곤의 공개키를 필요한 만큼 얼마든지 복사할 수 있어. 다른 사람이 공개키를 알고 있어도 드래곤만이 자신의 개인키를 사용해 이 자물쇠를 열 수 있기 때문이야. 한마디로 정리하면, 자물쇠를 잠그는 열쇠와 자물쇠를 푸는 열쇠가 따로 있는 것이지.

비대칭형 암호를 사용하는 애플리케이션 중에는 수신자가 개인키 외에 암호 문구(passphrase)를 추가로 쓰는 것도 있어. 혹시 개인키가 유출되더라도 다른 사람이 그 개인키를 활용하지 못하게 하는 방법이지.

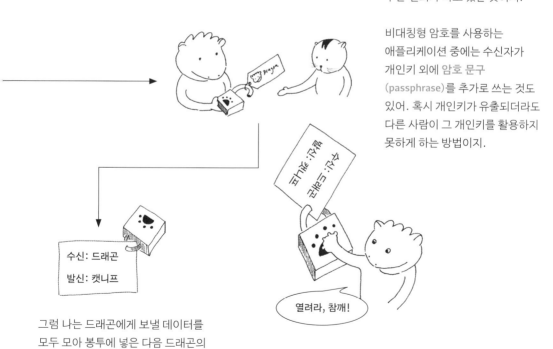

수신: 드래곤

발신: 캣니프

열려라, 참깨!

그럼 나는 드래곤에게 보낼 데이터를 모두 모아 봉투에 넣은 다음 드래곤의 공개키(자물쇠)로 봉투를 잠가.

암호화와 서명 과정은 데이터 패킷 교환에서 패킷 데이터와 전송의
신뢰성, 무결성, 진본성을 보장하는 데 꼭 필요한 절차야.

전송 암호화

전송 암호화(transport
encryption)는 패킷이 한 곳에서
다른 곳으로 이동할 때, 암호화된
연결을 통해 더욱 안전하게
이동해서 제3자가 패킷을 엿보지
못하도록 방지하는 방법이야.

네트워크 트래픽을 암호화할
때는 보통 암호화된 프로토콜인
TLS를 활용해. TLS는 중간에
네트워크를 중계하는 다른 노드가
있더라도 종단점(end point)
노드 간의 연결만 암호화하지.

사용자에게 TLS를 제공할지,
하지 않을지는 서버나 서비스
제공업체가 결정해. 사용자가
스스로 TLS를 쓸 수 있는 방법은
없어.

전송 암호화의 한계

하지만 전송 암호화 방식에는 한계가 있어. 대표적인 약점으로는 의심스러운 인증 기관(CA)이 발급한 인증서를 수락할 위험이 있다는 거야. 발신자가 전체 연결 과정을 통제하지 못하는 경우에도 문제가 발생해. 예를 들어 TLS가 사용자와 이메일 서비스 업체 간의 이메일 전송을 암호화한다고 가정해 보자. 이때 사용자가 만약 다른 이메일 서비스 업체를 사용하는 사람과 통신하면 이 두 이메일 서비스 업체 간의 연결을 동등한 수준으로 암호화할 수 없어.

데이터 저장에도 한계가 있어. TLS는 데이터의 '전송 연결'만을 암호화할 뿐 데이터 자체를 암호화하는 것은 아니야. 따라서 데이터가 전송되고 난 뒤에는 서버에 저장된 이메일이나 채팅 메시지에 서버 관리자, 사법 기관, 해커들이 접근할 수 있어.

또 다른 문제는 공격자가 중간자 공격(machine-in-the-middle attack)이라는 방법으로 네트워크 통신을 조작해 전송 연결의 수신자인 척하고 패킷의 데이터를 읽을 수 있다는 점이야. 이 장 마지막 부분에서 이 문제에 관해 좀 더 자세히 설명할게.

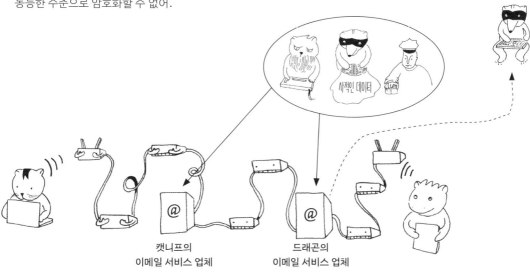

캣니프의
이메일 서비스 업체

드래곤의
이메일 서비스 업체

사적인 데이터

연결이 암호화된 부분

연결 상태 알 수 없음

종단 간 암호화

이처럼 약점이 많아도 전송 암호화는 분명히 유용한 방법이야. 다만 단점을 알아야 더욱 현명하게 이용할 수 있는 법이지. 전송 암호화가 가장 취약한 두 가지 시나리오를 살펴보자.

1) 타인이 네트워크 트래픽을 관찰하려고 시도했을 때, 데이터 패킷의 내용은 알 수 없지만 사용자의 위치와 통신 주체 등의 정보를 알 수 있다.

2) 데이터에 접근하려는 공격자, 서버 관리자, 사법 기관 등이 이메일 호스트 같은 중개자의 서버에 저장된 데이터를 읽을 수 있다. 예를 들면 친구에게 이메일을 보낸다고 했을 때, 전송 암호화를 사용하더라도 전송 과정에서만 메시지가 보호될 뿐 사용자와 친구의 메일 서버에 남아 있는 이메일을 타인이 볼 수 있다.

첫 번째 시나리오에서 사용자 자신을 보호하려면 익명성이 필요해. 이와 관련해서는 7장에서 다루도록 할게. 두 번째 시나리오를 예방하는 방법은 프라이버시 보호가 강화된 애플리케이션을 사용해서 발신자와 수신자의 디바이스 간에 교환되는 데이터를 암호화하는 거야. 이를 종단 간 암호화(End-to-End Encryption)라고 해.

가장 많이 활용되는 종단 간 암호화 알고리즘은 두 가지가 있어.

더블 래칫(Double Ratchet) 알고리즘

시그널[Signal. 미국의 사생활 보호 메신저 애플리케이션] 같은 최신 메신저 앱에 많이 쓰이는 알고리즘이야.

OpenPGP/GPG

보통 이메일이나 파일 및 폴더 암호화에 쓰여. OpenPGP를 사용해서 이메일을 암호화할 때는 주로 비대칭 암호화 방식이 활용돼. 통신 파트너에게는 공개키를 공유하지.

저장 상태 데이터 암호화

인터넷이라고 하면 보통 전송되는(움직이는) 데이터에 관한 내용을 떠올리게 돼. 하지만 이동 중이 아닌 데이터, 특히 사용자가 제어할 수 없는 서버(클라우드 등)에 저장된 데이터도 간과해서는 안 돼. 지금도 개인 디바이스에는 많은 데이터와 정보가 저장되어 있지. 이처럼 저장되어 이동하지 않는 데이터의 보안을 유지하는 암호화 방식도 중요해.

암호화/복호화 암호 체계는 다양한 방식으로 작동하지만, 기본적으로 키를 활용해서 입력 내용을 암호화된 출력 내용으로, 또는 그 반대 방향으로 변환해. 자신만이 데이터를 읽을 수 있도록 하려면 비밀번호가 필요한 고유 키를 생성하는 암호화 소프트웨어를 사용하면 돼. 이 키를 가지고 필요할 때 데이터를 복호화할 수 있어.

아브라카다브라!

순방향 비밀성

많은 최신 암호화 알고리즘에는 순방향 비밀성(forward secrecy)이라는 기능이 포함되어 있어. 순방향 비밀성이란 중간에 탈취 및 저장된 암호화 패킷이 나중에 복호화되지 않도록 하는 보안 장치야. 발신자와 수신자의 장기 암호화 키가 훼손되더라도 말이야.

순방향 비밀성을 확보하는 방법은 각 통신 또는 패킷 교환 시마다 하나 또는 여러 개의 연결되지 않은 단기 세션 키를 임의로 생성하는 거야. 이 키는 전송할 당시에만 유효해. 따라서 이 키로는 나중에 암호화된 메시지를 복호화할 수 없어.

순방향 비밀성은 IPSec, TLS 버전 1.3, OTR[Off-the-Record. 인터넷 메신저 서비스 대화 내용을 암호화하는 프로그램], 더블 래칫 알고리즘, 시큐어 셸(SSH. Secure Shell), Tor(7장 참고) 등에 포함되어 있는 기능이야.

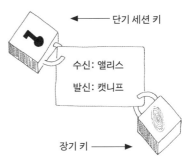

← 단기 세션 키

수신: 앨리스

발신: 캣니프

장기 키 →

암호화 제한

암호는 암호화와 복호화를 수학적으로 더욱 안전하게 만들고자 하는 학문이자 프로세스야.
물론 수학과 숫자는 불변하는 믿음직한 암호화 도구이지만, 정책 규제, 프로토콜 자체의
기술적 약점, 프로그래밍 실수 또는 연산 능력의 발전으로 보안과 프라이버시에 쓰이는
암호가 취약해질 수 있어.

공격자는 더욱 뛰어난 컴퓨터를
사용해서 암호화를 깨고 암호를
유추하는 시간을 단축할 수 있어.[7]

몇몇 나라에서는 국내에서
암호화를 사용하는 것을 법적으로
제한하고 있어. 나아가 암호화
기술의 수출입은 많은 나라에서
금지하고 있는 사항이야.

암호화를 풀어내기보다는 암호
프로토콜 자체를 무력화하는 것에
집중하는 전략도 있어.
미국국가안전보장국(NSA. National
Security Assurances)은 의도적으로
취약한 암호화를 표준화해서
암호화 프로토콜과 알고리즘에
개입하려 했어.[8] 이처럼 암호화를
취약하게 만드는 방법을
백도어(backdoor)라고 해.

백도어는 '앞문'으로 들어가는
강력한 암호 키 대신 정식 절차를
거치지 않고 '뒷문'으로 우회해서
접근하는 것을 말해. 아마 '백도어
프로그램'이라는 말을 들어본 적이
있을지도 몰라.

---

7   가장 유명한 암호 해독 사례가 바로 앨런 튜링을 비롯한 블레츨리 파크(Bletchley Park)의 암호 해독가들이야.
    이들은 제2차 세계대전 중 나치의 암호화 기계인 에니그마(Enigma)와 게하임슈라이버(Geheimschreiber. 비밀 전신
    타자기)의 암호화 알고리즘을 풀어냈어. 미래에는 양자 컴퓨터가 현재 사용되는 암호화 체계를 해독할 거야.
    이에 맞서 똑같이 양자 컴퓨터를 활용해 새로운 양자 암호화 체계를 구축할 수도 있겠지.

실제로 미국 내 표준을 설립하는 기관인 미국표준기술연구소(NIST. National Institute of Standards and Technology)는 타원곡선 암호(elliptic curve cryptography)라는 취약한 알고리즘을 표준화해서 백도어를 만들기도 했지.

에드워드 스노든의 증언에 따르면 NSA는 IPSec 프로토콜에 백도어를 만들려 했다는 혐의도 받고 있다고 해.

국가, 은행, 기타 기관이 모든 잠금을 해제할 수 있는 일명 골든 키(golden key)를 주고, 소프트웨어 개발자를 설득해서 백도어에 개입하게 했다는 주장도 있어. 제3자에 암호화 키를 위탁하는 방식인 키 에스크로(key escrow) 역시 백도어 접근과 암호화 무력화 등의 동일한 위험을 안고 있어. 기업과 소프트웨어 개발자는 암호화를 무력화하는 모든 방식을 채택해서는 안 돼. 사용자의 신뢰와 프라이버시를 침해하는 동시에 사용자 보안도 훼손하기 때문이야.

---

8   NSA는 매년 2억 5천만 달러를 들여 소프트웨어와 하드웨어에 백도어를 넣는다고 해. 암호화 알고리즘인 이중 타원곡선 결정론적 난수발생기(Dual_EC_DRBG. Dual Elliptic Curve Deterministic Random Bit Generator)에는 NSA의 백도어가 여러 개 있다고 알려져 있어. 이로 인해 2017년 ISO는 NSA가 제작한 두 개의 암호화 알고리즘인 SIMON과 SPECK을 승인하지 않았어.

중간자

사용자인 우리는 인터넷 프로토콜이 작동하는 방식을 잘 알지 못해. **경로상 공격자(on-path attacker)**나 **중간자(MITM. man-in-the-middle 또는 machine-in-the-middle)**는 이처럼 프로토콜 작동 방식이 잘 알려져 있지 않다는 점을 악용해 사용자 디바이스를 교란하지.

MITM 공격을 아주 간단하게 표현하면, 내가 드래곤(친구)에게 메시지를 보낼 때 맬로리(공격자)가 이 메시지를 중간에서 가로채는 거야. 오른쪽 그림에 그 과정이 나타나 있어.

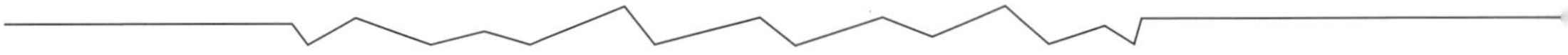

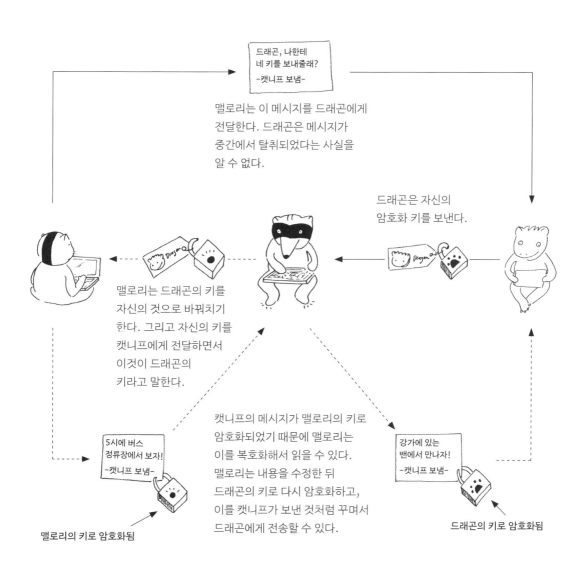

드래곤, 나한테
네 키를 보내줄래?
-캣니프 보냄-

맬로리는 이 메시지를 드래곤에게
전달한다. 드래곤은 메시지가
중간에서 탈취되었다는 사실을
알 수 없다.

드래곤은 자신의
암호화 키를 보낸다.

맬로리는 드래곤의 키를
자신의 것으로 바꿔치기
한다. 그리고 자신의 키를
캣니프에게 전달하면서
이것이 드래곤의
키라고 말한다.

5시에 버스
정류장에서 보자!
-캣니프 보냄-

캣니프의 메시지가 맬로리의 키로
암호화되었기 때문에 맬로리는
이를 복호화해서 읽을 수 있다.
맬로리는 내용을 수정한 뒤
드래곤의 키로 다시 암호화하고,
이를 캣니프가 보낸 것처럼 꾸며서
드래곤에게 전송할 수 있다.

강가에 있는
밴에서 만나자!
-캣니프 보냄-

맬로리의 키로 암호화됨

드래곤의 키로 암호화됨

공개키 암호가 이메일이나
채팅 애플리케이션에 사용되는
경우에는 사용자가 첫 번째
메시지를 교환하기 전에 통신
상대방의 키를 검증하는 절차를
거치면 MITM으로부터 자신을
보호할 수 있어.

전송 암호화(HTTPS를 통해
웹사이트와 통신할 때 등)에 관한
MITM 공격은 수동으로 서버
인증서를 확인하는 과정을 거쳐
막을 수 있어.

인터넷뱅킹에서는 2차 인증 채널을
제공하는 방식으로 사용자를
보호해. 모바일 거래 인증
번호(mTAN. Mobile Transaction
Number)를 사용해 작업을
확인하도록 하는 것이 그 예야.
이를 이중 인증(2FA. Two-Factor
Authentication)이라고 불러.

6

인터넷에서 정보의 흐름을 방해하는 것은 무엇일까?

검열

네트워크는 패킷 헤더만 올바르다면 패킷이 어떤 내용을 담고 있는지는 관계없이 패킷을 전달해. 이 말은, 네트워크 자체는 콘텐츠와 무관하게 기능을 수행한다는 뜻이야. 패킷을 라우팅할 수만 있으면 내용은 뭐가 됐든 데이터를 주고받는 데 전혀 영향을 주지 않아. 이것을 **망 중립성(network neutrality)**이라고 해. 데이터의 유형이나 내용, 전송, 사용자에 따라 차별하지 않고 동등하게 정보를 주고받을 수 있어야 한다는 것이 망 중립성 원칙의 핵심이야.

하지만 국가, 기관, 부모 혹은 관계 당국에서 사용자가 특정 인터넷 콘텐츠에 접근하는 것을 막는 경우가 있어. 이를 검열이라고 해. 검열을 시행하는 방식으로는 차단(blocking), 필터링(filtering), 스로틀링(throttling) 등이 있어.

차단은 특정 사용자가 웹사이트나 서비스에 접근하지 못하도록 막는 방식이야. 일반적으로 기업의 로컬 ISP가 차단 방식을 사용해서 최종 사용자의 웹사이트나 서비스 접근을 막아.

필터링은 접근하려는 콘텐츠의 특성에 따라 콘텐츠 접근을 제한하는 방식이야. 차단보다 좀 더 다방면으로 활용하는 방법이라고 할 수 있어. 특정 단어나 이미지, 동영상 콘텐츠를 제한하는 것이 필터링에 해당해.

스로틀링은 서비스 저하/차등 제공이라고도 해. 어떤 서비스나 웹사이트의 접속을 의도적으로 매우 어렵게 하거나 느리게, 또는 거의 불가능하게 만드는 방식이야.

라우터, 서버, 네트워크 장비를 운용하는 주체는 패킷을 전송할 때 또는 목적지에 다다랐을 때 트래픽을 필터링하거나 접근을 차단할 수 있어.

검열을 하는 이유는 도덕성, 표현의 자유, 안보, 종교, 정치, 경제 등 매우 다양하지.

국가는 ISP에 국내로 들어오거나 국외로 나가는 모든 트래픽을 차단하고 필터링하도록 명령할 수도 있어. 지역적 차원에서의 콘텐츠 통제는 여러 네트워크 노드의 협업으로 이루어지고, AS(자율 시스템)를 통해 시행될 수도 있지. 도서관, 대학, 직장, PC방 등 크고 작은 기관에서도 자체적으로 콘텐츠 차단과 필터링을 시행할 수 있어.

콘텐츠 차단과 필터링을 동시에 할 수 있는
기법은 여러 가지가 있어.

IP 차단

당국에서는 소스와 대상의 IP 주소에 따라
패킷을 차단할 수 있어. IP 차단 기법은 전체
IP 주소 범위를 차단하거나 전체 지역을 막을
수 있지.

콘텐츠 필터링

라우터를 제어하는 누구나 해당 라우터를
통과하는 트래픽을 읽을 수 있어. 다시 말해
사용자가 방문하려는 웹사이트 정보가 담긴
패킷 헤더를 읽을 수 있다는 뜻이야.
만약 연결이 암호화되지 않았다면 웹사이트의
콘텐츠까지도 읽어낼 수 있어. 공공기관,
부모, ISP 수준의 라우터에서는 이를 이용해서
콘텐츠 필터링 기법으로 특정 단어가 포함된
모든 페이지를 필터링할 수 있게 돼.

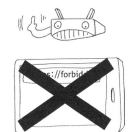

URL 필터링

URL 필터링은 콘텐츠 필터링과 마찬가지로
지정된 키워드가 포함된 URL을 검색해
차단하는 기법이야.

DNS 차단

DNS 차단은 DNS가 지정된 도메인 이름을 확인하지 못하도록 막는 기능이야. ISP는 자신이 제어하는 DNS 변환기에서 DNS 차단을 시행할 수 있어. DNS 차단을 실시하면 어떤 웹사이트 주소를 입력했을 때 ISP의 DNS 변환기는 해당 서버를 찾지 못하는 척을 하거나 경고 메시지가 나타나는 다른 IP 주소로 돌려보내. DNS 차단은 HTTP(S), FTP, POP, SSH 등 DNS를 활용하는 모든 프로토콜에 영향을 미치지.

많은 정부에서는 법에 따라 ISP가 DNS 차단 목록을 적용하도록 강제하고 있어.[9]

캣니프의 브라우저

en.wikipedia.org의 IP 주소가 뭐야?

해당 주소가 존재하지 않습니다.

로컬 DNS

패킷 필터

라우터나 서버에서는 패킷 헤더를 읽기 위해 **패킷 필터(packet filter)**를 적용하고 있어. 이를 통해 프로토콜 미준수, 바이러스, 스팸, 침입 등을 탐지하고, 그에 따라 들어오거나 나가는 패킷을 차단하지.

필터는 라우터가 패킷을 통과시킬지, 다른 대상 주소로 라우팅할지, 자동으로 패킷을 제외할지를 결정해.

또한 서버나 라우터를 공격할 의도를 가진 패킷을 걸러내어 공격으로부터 네트워크를 보호하는 역할도 하고 있어.

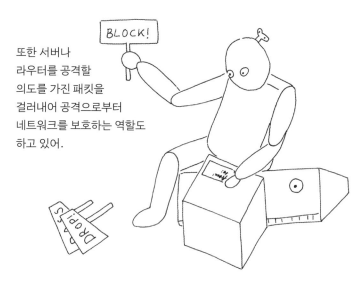

---

9 DNS 차단 사례는 다양해. 잘 알다시피 한국은 다수의 유해 사이트를 DNS 차단 처리하고 있고, 중국 역시 마찬가지 인데 대표적으로 https://torproject.org 같은 웹사이트를 차단했어. 유럽은 2017년에 파이러트 베이[Pirate Bay. 가장 유명한 토렌트 사이트]를 차단했어. 독일 청소년 유해 미디어 심사청(Federal Department for Media Harmful to Young Persons)은 약 3,000개의 도메인 이름을 차단 처리했지. 영국 ISP 사업자는 가입자의 요청에 따라 18세 미만 사용자가 수십만 개의 사이트에 접근하지 못하도록 하는 법을 준수해야 해. 유로폴(Europol)은 아동 성 학대 배포 금지 필터(CSAADF. Child Sexual Abuse Anti Distribution Filter)를 적용해서 아동 성 학대 이미지를 차단하고 있어.

심층 패킷 분석(DPI)

심층 패킷 분석(DPI. Deep Packet Inspection)은 패킷 필터링과 유사하지만, 패킷 헤더만을 보는 것이 아니라 패킷 안의 데이터까지도 읽어. 이름 그대로 패킷을 더욱 깊게 뜯어보고, 그 내용에 따라 필터링을 시행하는 방식이지.

DPI는 데이터 처리 소프트웨어로서 네트워크의 이상을 식별 및 모니터링하고, 문제를 해결하기 위해 패킷을 들여다보는 데 유용하게 쓰여. 그러나 라우터와 서버에서 이를 데이터 마이닝(data mining), 도청, 인터넷 검열을 하는 데 악용할 위험성도 내포하고 있지.

DPI는 리디렉션, 태그 지정, 차단, 속도 제한, 보고 등을 할 수 있고 의심스러운 패킷을 자동으로 제외할 수도 있어.

DPI는 네트워크의 주요 지점을 통과할 때 패킷을 검사하기 위해서 비밀리에 패킷을 복사하고 분석해.

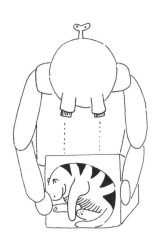

네트워크 차단

국가는 인터넷의 지도에 해당하는 프로토콜인 BGP를 조작해 전체 네트워크를 간단히 차단할 수 있어. 4장에서 살펴본 것처럼 BGP 라우팅은 단순하지만 영향력이 커서 잘못될 소지도 많아. BGP 라우터 또는 자율 시스템 운영업체가 잘못된 네트워크 경로를 게시하거나, 아예 네트워크 경로를 게시하지 않는 방식으로 BGP를 조작할 수 있어. 이렇게 하면 인터넷의 특정 부분 전체를 차단하는 것이 가능해.

만리방화벽

중국의 인터넷은 국가가 전면적으로 통제해. 중국은 외국에서 개발된 도구와 서비스의 트래픽을 제한하고 외국계 기업이 중국의 규제를 따르도록 강제하고 있어. 이런 중국의 필터와 차단 시스템을 만리방화벽(GFC. Great Firewall of China)이라고 불러. 유명한 중국 건축물인 만리장성에서 따온 이 방화벽은 다양한 차단 기법과 중간자 공격을 결합한 방식으로, 보안 면에서는 매우 효과적이라고 할 수 있어.

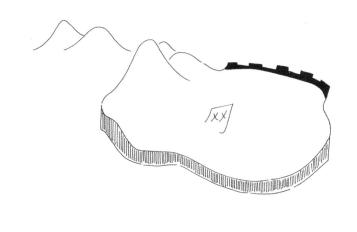

콘텐츠와 검색 결과 삭제

검열 기법은 네트워크만이 아니라 콘텐츠에도 적용할 수 있어. 즉 게시자, 콘텐츠 창작자, 서비스 제공업체들은 합법적인 요구나 해당 법령에 따라 콘텐츠의 게시를 철회하거나, 아예 게시하지 않거나, 삭제해야 해. 또는 법이나 정부의 요청에 의해 비공개(숨김) 처리를 해야 할 수도 있어.

웹 게시자는 유럽 개인정보 보호법에 따라 검색 결과에서 특정 개인에 관한 정보를 당사자가 제외할 수 있도록 설정해야 해.

게시자가 이런 방식으로 콘텐츠를 검열하는 경우 사이트에서는 해당 콘텐츠를 찾을 수 없는 것처럼 위장해. 물론 투명한 방식으로 '콘텐츠가 존재하지만 차단되었다'라고 정직하게 사용자에게 알려줄 수도 있지. HTTP 오류 상태 코드 451을 활용하는 것이 대표적인 예시야.

참고로 상태 코드 451은 미국 작가 레이 브래드베리의 SF 소설 《화씨 451》에서 따왔는데, 법적인 이유로 콘텐츠를 제공할 수 없는 경우에 사용되는 코드 이름이야.

7

인터넷에서 익명을 유지하는 방법은 무엇일까?

6장에서 정부, 기업, 단체가 인터넷 콘텐츠를 검열하는 다양한 방식을 알아봤어.
이제 반대 입장에 서서, 이 검열을 피하는 방법들에 관해 살펴보자. 이번 장에서는 무엇이
검열의 대상이 되는지(검열 모니터링)를 파악하는 방법과 검열을 우회하는 방법을 집중적으로
알아보도록 할게.

검열 모니터링

검열을 피하려면 검열이 진행되는
과정부터 알아야 해. 검열과 일시적
서비스 중단을 구분하는 방법은
전 세계의 인터넷 접속 상태가 모두
같은지를 보면 돼. 즉 모든 곳에서
연결이 안 된다면 서비스 중단
상태인 것이고, 특정 위치에서만
접속이 안 된다면 해당 지역에서
검열되고 있는 사이트라는 뜻이지.
검열 모니터링을 시행하는 방식은
매우 다양해. 기본적으로 사용자
보고서를 보면 콘텐츠의 접근이
막혔는지 허용됐는지를 알 수 있어.
몇몇 정부나 기업은 이런 검열
정보를 투명하게 공개하기도 해.

하지만 기술적으로 인터넷 검열이
이루어지는지를 확실하게
알아보려면 특정 위치에서 같은
서버나 서비스에 다른 유형의
요청을 보내 직접 테스트하는
수밖에 없어. 테스트 요청의
응답(결과)과 검열되지 않는 진짜
양호한 연결이 보낸 응답을
비교해서 둘 간에 차이가 있는지
보는 방식이지. 이 테스트의 목적은
응답 오류(5장에서 설명한 404 오류
등)가 발생할 경우 그 오류의 원인이
서비스를 요청한 서버의 문제인지,
아니면 네트워크 차단이나 필터링
때문인지를 밝히는 거야.

인터넷 검열을 모니터링하려는
단체나 연구 프로젝트는 여러
가지가 있어.

넷블록스(NetBlocks)

→ https://netblocks.org/

넷블록스는 인터넷 차단, 통신 중단, 정치 또는 경제적 목적으로 시행되는 온라인 검열을 진단하는 측정 기준과 데이터 시각화 도구를 만드는 글로벌 시민 단체야.

넷블록스가 개발한 도구는 검열을 눈에 보이게 만들어 주는 것 이외에도 지진이나 태풍 같은 자연재해, 네트워크 인프라를 대상으로 하는 사이버 공격 등으로 발생한 통신 중단 사태를 확인하고 매핑(mapping)하는 데 유용해. 넷블록스가 업로드하는 전 세계 인터넷 차단에 관한 보고서에는 자세한 설명과 함께 실시간 업데이트도 포함되어 있어.

네트워크개입공개연구소(OONI. Open Observatory of Network Interference)

→ https://explorer.ooni.org/

OONI는 전 세계에 분산된 관찰 네트워크로 인터넷상의 검열, 감시, 트래픽 조작 등을 탐지하는 검열 연구 단체야. 무료 소프트웨어이므로 누구나 OONI 검사를 실행해서 웹사이트 연결이 차단되었는지 테스트할 수 있지. 측정 기준은 OONI Explorer에 업로드되어 있어.

OONI로 테스트할 수 있는 내용:
- 웹사이트 차단 여부
- 메시지 앱(왓츠앱, 텔레그램, 페이스북 메신저 등) 차단 여부
- 검열 우회 도구(Tor 등) 차단 여부
- 네트워크에 검열 또는 감시 시스템(middleboxes)의 존재 여부
- 네트워크 속도 및 성능

단, OONI는 검사를 실행하는 사람의 프라이버시를 보호하지는 않아. 또 측정 기준에 신원 정보가 포함될 수 있어.

투명성 보고서

기업들은 정기적으로 정부, 저작권자 또는 다른 이해관계자가 요구하는 검열의 성격과 기업의 규정 준수 사항을 자세하게 기술한 투명성 보고서를 발표하고 있어. 이 보고서에는 사용자 데이터 요청 관련 통계도 포함되어 있지.

구글의 경우 검색 결과는 물론 유튜브, 블로거(Blogger) 등의 다른 구글 브랜드가 콘텐츠 삭제 요청을 얼마나 받았는지에 관한 정보를 익명으로 제공해. 이 정보는 합법적인 저작권 주장이나 국가 보안, 명예 훼손, 프라이버시 및 보안, 약물 남용, 선정성과 관련한 정부와 개인의 요청이 대다수를 차지하고 있어.

구글은 보통 검열 요청을 다음의 네 카테고리로 분류해.

보호: 구글은 주당 수만 개의 URL을 검색 결과에서 자동으로 필터링하고 차단해. 멀웨어(malware)와 피싱(phishing) 웹사이트로부터 사용자를 보호하기 위해서야.[10]

삭제: 저작권 문제로 콘텐츠 삭제를 요청하는 경우야. 구글은 2만여 민간 기업과 저작권자에게 무려 46억 8,368만 8,889개의 URL을 삭제해 달라는 요청을 받았어.[11]

숨김: 개인정보 보호법에 따라 검색 결과에서 삭제되는 것을 말해. 구글은 매주 수천 건에 달하는 URL 삭제 요청을 받고 있어. 이 중 구글이 요청대로 특정 콘텐츠를 검색 결과에서 제외하는 비율은 약 46%라고 해.[12]

검열: 정부가 콘텐츠 삭제를 요구하는 경우야. 구글은 2019년에만 약 3만 건의 검열 요청을 받았지.[13]

> 검열과 보호는 한 끗 차이구나.

---

10 2020년 5월 첫 주에 구글은 5만 9,557개의 안전하지 않은 웹사이트와 871개의 멀웨어(악성 소프트웨어) 사이트를 감지했어. 2020년 5월 17일에 구글 세이프 브라우징(Safe Browsing) 기능은 191만 5,195개의 사이트가 위험하다고 판단했지.

11 2020년 6월 29일 기준의 수치로, 삭제 요청을 한 사람은 2만 1,407명의 저작권자였어.

12 일례로 2020년 5월 3일부터 17일 사이에 6,982개의 URL에 대한 삭제 요청이 구글에 접수되었어. 2020년 6월에 구글은 이렇게 요청이 접수된 URL 중 평균 46.5%를 검색 결과에서 뺐어.

13 2019년 1월 1일에서 6월 30일 사이, 정부 요청으로 기록된 건수는 총 1만 6,947건이었어. 2019년 7월 1일부터 12월 31일 사이에는 총 1만 3,354건의 정부 요청이 기록되었어. 이를 합하면 2019년 한 해에 정부가 검열을 요청한 건수는 총 3만 301건에 달해.

데이터가 이동하는 방법

검열 우회에 관해 이야기하기 전에 데이터가 어떻게 이동하는지 잠시 복습해 볼까?

데이터는 한번에 움직이는 것이 아니라 패킷이라는 조각으로 나뉘어 이동해. 각 패킷에는 출처와 대상 주소(목적지)를 나타내는 주소 태그(패킷 헤더)가 있지.

인터넷에서 진정한 의미의 '직접 연결'은 존재하지 않는다고 봐도 무방해. 패킷은 목적지에 직접 전달되는 것이 아니라 패킷 헤더를 읽고 대상 주소까지 경로를 알려주는 중개 네트워크와 라우터를 통해서 이동하기 때문이야.

중개 네트워크는 패킷 태그를 읽고, 수신된 패킷이 어디에서 왔으며 어디로 보내야 할지를 인식해.

이 과정에서 모든 중개자는 패킷을 복사, 저장 또는 변조할 수 있어.

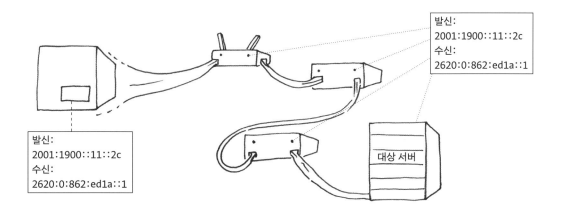

발신:
2001:1900::11::2c
수신:
2620:0:862:ed1a::1

발신:
2001:1900::11::2c
수신:
2620:0:862:ed1a::1

대상 서버

익명과 가명

종단 간 암호화(84쪽 참고)를 사용하지 않고 패킷을 보내면, 패킷에는 사용자의 실제 신원 정보를 알려주는 콘텐츠가 암호화되지 않은 상태로 들어갈 수 있어.

예를 들어 패킷의 메타데이터 (metadata)에는 소스(출처) 및 대상 IP 주소 등 실제 사용자의 위치와 관심사를 알려주는 정보가 담겨 있어. 따라서 웹사이트와 ISP가 쉽게 추적할 수 있지.

사용자가 웹사이트를 방문해서 주고받는 패킷에는 사용하는 운영체제, 브라우저 버전 등 더 많은 사용자의 정보가 있어. 이를 읽고 추출하면서 사용자에 관해 분석할 수도 있는 거야.

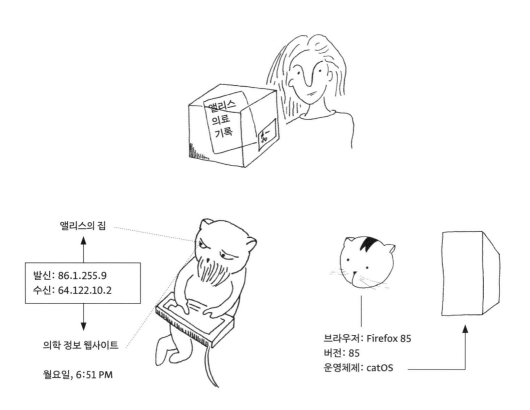

앨리스의 집

발신: 86.1.255.9
수신: 64.122.10.2

의학 정보 웹사이트

월요일, 6:51 PM

브라우저: Firefox 85
버전: 85
운영체제: catOS

유저가 자바스크립트(JavaScript)와 HTML5 등의 최신 웹 기술이 적용된 웹사이트에 방문할 때, 웹사이트 운영업체는 패킷을 통해 더 많은 신원 정보를 추출할 수 있어. 방문한 것만으로도 사용자의 브라우저에 설정된 언어, 컴퓨터에 설치된 글꼴, 사용 중인 화면 해상도, 디바이스의 배터리 상태까지도 알 수 있지.

이런 정보를 추적하고 추출하는 것을 브라우저 지문(browser fingerprinting)이라고 불러. 지문이라는 이름이 붙은 이유는 추출 가능한 정보가 일반적으로 사용자마다 달라서 이 정보들을 조합하면 사용자의 정체를 쉽게 파악할 수 있기 때문이야.

기업과 기관은 이 브라우저 지문을 활용해서 사용자의 IP 주소와 메타데이터를 찾아 정확한 사용자를 특정할 수 있어.

배터리: 부족
설치 글꼴: 37
기본 언어: 스와힐리어

https://ip-check.info/

브라우저 지문이
고유합니다.

인터넷에서 익명성(anonymity)이란 신원 정보가 은폐되거나 연결될 가능성(linkability)을 말해. 놀라운 점은 개인 신원 정보를 보호하는 애플리케이션과 서비스(전송 또는 콘텐츠 암호화 기능)를 사용할 때조차 사용자의 IP 주소 같은 패킷의 메타데이터를 타인이 추적할 수 있다는 거야. 따라서 온라인에서는 진정한 의미의 익명성이 보장된다기보다 사실 가명(pseudonymous)을 사용하고 있는 셈이지.

완전한 익명이 되려면 사용자의 IP 정보가 노출되지 않도록 사용자의 위치를 완벽하게 숨기는 기술을 사용해야 해.

검열 우회

앞서 설명했듯이 중개자는 손쉽게 패킷을 변조할 수 있어. 이는 국가, 기업, 직원, 부모,
네트워크 운영업체 등이 사용자가 특정 인터넷 콘텐츠에 접근하지 못하도록 막는 과정에서
프라이버시를 침해할 위험이 있다는 뜻이기도 해.

하지만 콘텐츠 검열은 여전히
출발지(소스), 중개 라우터,
목적지(대상 주소) 등 모든 차원에서
실시되고 있어. 네트워크를
운영하는 다양한 주체는
6장에서 설명했던 차단, 필터링,
스로틀링이라는 방법을 활용해서
콘텐츠에 개입해.

인터넷 사용자가 검열을
우회하거나 자신의 데이터, 개인
정보, 온라인에서의 익명/가명을
보호하려는 이유는 여러 가지가
있어.

여기서는 기술적으로 검열을
실시하는 방법 및 필터링이나 차단
등의 검열을 우회 혹은 대응하는
방식에 관해 집중적으로 살펴볼게.

DNS 프락시

DNS 차단에 대응하려면 ISP가
자동으로 제공하는 DNS 서버가
아니라 사용자가 신뢰할 수 있는
DNS 서버를 이용해야 해.

DNS 프락시(DNS proxy)를
활용하면 로컬 또는 국가 차원의
ISP가 시행하는 DNS 필터링이나
차단을 우회할 수 있어.

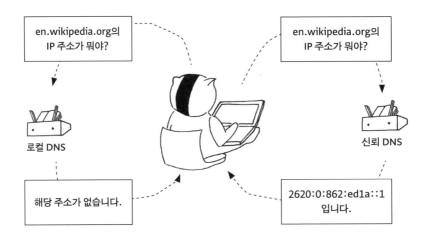

en.wikipedia.org의
IP 주소가 뭐야?

en.wikipedia.org의
IP 주소가 뭐야?

로컬 DNS

신뢰 DNS

해당 주소가 없습니다.

2620:0:862:ed1a::1
입니다.

가상 사설망(VPN)

직장이나 대학에서 시행하는 감시나 검열에 대응하려면 가상 사설망(VPN. Virtual Private Network) 또는 프락시에 연결해야 해. 그러면 네트워크 트래픽을 숨긴 채 DNS 요청을 생성하거나 수신할 수 있어. 단, VPN 제공업체는 사용자가 누구인지 알고 있으므로 VPN이 완전한 익명성을 제공하지는 않는다는 점에 주의해야 해.

예를 들어 VPN 제공업체나 기술이 뛰어난 공격자는 여전히 들어오고 나가는 트래픽에 연결해서 사용자의 신원을 알아낼 수 있어. 따라서 VPN을 신뢰할 수 있는지 확인하는 것이 중요해. VPN은 사용자 정보 보호의 부담을 사용자로부터 VPN 제공업체로 넘기는 것일 뿐이니 말이야.

미국에서는 웹사이트에 접속하려고 IP 차단을 우회하는 행위(익명 프락시 사용 등)를 사이버보안법 (CFAA. Computer Fraud and Abuse Act) 위반으로 간주해. 따라서 '허가받지 않은 접근'을 이유로 민사상의 손해배상이나 징역형에 처해질 수 있어. 참고로 한국에서 IP 우회 행위 자체는 불법이라고 말하기 어렵지만, IP 우회로 접속하려는 사이트가 불법적인 콘텐츠를 다룬다면 처벌할 수 있어.

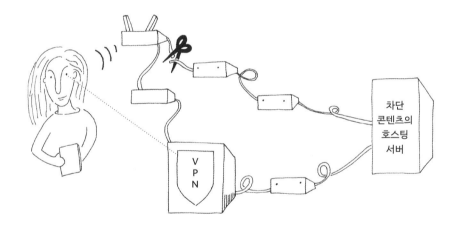

Tor를 활용한 검열 우회

검열을 피하는 방법 중 하나로 Tor 네트워크가 있어. 현존하는 가장 대표적인 검열 우회 기법 두 가지를 말하라면 앞서 설명한 VPN과 Tor를 들 수 있어. Tor를 사용하면 소스와 대상 주소를 숨기고 인터넷 트래픽을 익명화할 수 있어. (Tor라는 이름은 원래 소프트웨어 프로젝트명인 The Onion Router에서 유래했어.)[14]

Tor는 사용자의 트래픽 경로를 설정하는 비영리 단체의 자원봉사자들로 구성되어 있는데, 이때 '협력적 난독화'라는 과정을 통해서 익명성을 부여해. 난독화란 말 그대로, 의도적으로 프로그래밍 코드 등의 정보를 읽기 어렵게 조작하는 작업이야.

출구 노드

Tor 노드

Tor 네트워크의 작동 방식

Tor 네트워크는 중계(relays) 또는 홉(hop)이라고도 부르는 Tor 노드가 모인 전 세계적인 네트워크야. Tor 소프트웨어를 실행하는 컴퓨터는 모두 노드가 될 수 있어. 2020년 기준으로 Tor 노드의 수는 약 6,500개 정도야.[15] 노드는 데이터 검문소 역할을 하며 Tor 네트워크를 거치는 패킷을 받아서 처리하고 내보내는 역할을 하지.

Tor 서킷

Tor 노드는 인터넷과 똑같은 인프라를 사용해서 Tor 네트워크로 데이터 패킷을 보내. 단, Tor 네트워크를 이동하는 패킷은 최종 목적지에 도달할 때까지 임의로 정해진 세 가지 노드(입구 노드, 중간 노드, 출구 노드)를 거치게 돼. 이렇게 하면 어떤 노드에서도 발신과 수신 주소 둘 다는 알 수 없어. 이 경로를 더욱 무작위로 만들기 위해(이를 랜덤화한다고 해.) Tor 서킷이 10분마다 바뀌어 염탐을 더 어렵게 만들지.

Tor는 경로를 랜덤화하기 위해 데이터 패킷을 세 겹의 암호화된 층으로 감싸. 마치 양파 껍질처럼 말이야.

암호화된 각 층에는 전용 패킷 태그가 포함돼. Tor는 이 패킷 층을 암호화해서 특정 노드만 해당 층의 암호를 풀 수 있게 만들어.

브리지(bridge)

다크넷?
(108쪽 참고)

---

14 북유럽 신화의 유명한 신(Thor)과 비슷한 이름이라 흔히 '토르'라고 읽지만, 영어로 '토어 네트워크'라고 읽어.

15 2020년 7월 4일 시점에서 Tor 네트워크의 노드 수는 6,451개로 집계되었어. 2020년 상반기 기준으로 Tor 노드 수는 6,000~7,000개 사이를 오가는 정도야.

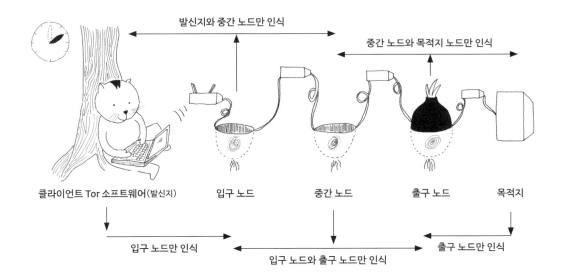

발신지와 중간 노드만 인식

중간 노드와 목적지 노드만 인식

클라이언트 Tor 소프트웨어(발신지)　　입구 노드　　중간 노드　　출구 노드　　목적지

입구 노드만 인식

입구 노드와 출구 노드만 인식

출구 노드만 인식

전용 패킷 태그에는 경로의 한 부분만 포함되므로 세 노드 중 패킷의 전체 경로를 아는 노드는 존재하지 않아.

각 노드는 각 층의 암호를 푼 다음 새 층의 태그에 표시된 대로 패킷을 다음 노드에 보내. Tor 서킷을 잘 모르는 사람이 이 과정을 눈으로 본다면 마치 정체 모를 화물들이 이곳저곳 옮겨 다니는 것처럼 보일 거야.

이런 모호함 때문에 Tor 네트워크는 일반 웹(clearnet)과 대비되는 개념으로 다크넷(darknet)이라고 조롱당하기도 해. 실제로 수많은 다크넷이 있긴 하지만, 사실 이름처럼 음험하고 악한 의도를 가진 사람보다는 개인 정보를 보호하려는 목적으로 다크넷을 이용하는 사람이 많아.

아무튼 핵심은 위 그림처럼 각 중개 노드가 이전 노드와 다음 노드의 위치만 알기 때문에 패킷 발신자가 익명을 유지할 수 있다고 이해하면 돼.

일반 웹사이트나 이메일 서버로 가는 패킷은 마지막 노드를 기점으로 Tor 네트워크에서 벗어나. 즉 외부에서 볼 때는 바로 이 출구 노드에서 패킷이 온 것으로만 보이게 돼.

2020년 기준으로 Tor 네트워크에는 약 1,200개의 출구 노드가 있어.

한 가지 명심할 점이 있는데, 애초에 요청이 종단 간 암호화 등으로 암호화되지 않을 경우 출구 노드에서는 패키지 안에 있는 콘텐츠가 노출될 수 있어.

각 노드는 각 주소 층의 잠금을 풀기 위해 각자의 키를 사용해.

Tor 차단

어떤 네트워크에서는 알려진 Tor 네트워크 입구를 일일이 검열하기도 해. 이처럼 입구가 차단된 경우에는 브리지(bridge)를 활용해서 입구로 갈 수 있지. 브리지는 공개 Tor 디렉토리에 게시되지 않은 Tor 노드를 말해. 단, 이때도 브리지의 주소가 알려지면 검열될 수 있어.

검열 당국은 출구 노드도 차단할 수 있어. 출구 노드를 차단하면 Tor 네트워크로 전송된 모든 패킷이 일반 웹의 웹사이트나 서버에 도달하지 못하게 되지.

어니언 서비스

Tor 네트워크는 트래픽의 종단 간 암호화를 유지하는 서비스를 제공해. Tor의 최종 사용자가 그렇듯이, 어니언 서비스(onion service) 역시 네트워크에 숨겨져서 서버의 위치를 감추고 있어. 어니언 서비스는 최상위 도메인으로 .onion을 사용해. 어니언 서비스가 어떻게 작동하는지 예시를 통해 살펴보자.

나, 캣니프가 웹 서버에 어니언 서비스(webserver.onion)를 제공한다고 가정해 볼게.

'캣니프 Tor 소프트웨어'는 임의로 3개의 노드를 선택해 Tor 서킷을 구축하고, 이 노드를 소개 지점(introduction point)으로 만들어.

그러면 캣니프 Tor 소프트웨어는 기술자(descriptor) 메시지를 준비해. 여기에는 소개 지점의 이름과 webserver.onion에 속하는 공개키가 포함되어 있어. 이 기술자 메시지에 서명을 한 뒤 이를 Tor 네트워크 내의 (분산된) 데이터베이스에 보내.

사용자인 앨리스가 webserver.onion에 관한 내용을 읽고 여기에 가려 한다면, 앨리스의 Tor 소프트웨어는 만남 지점(rendezvous point. 랑데부 포인트)을 네트워크 안에 만들고 데이터베이스에 webserver.onion에서 서명한 메시지를 요청하지.

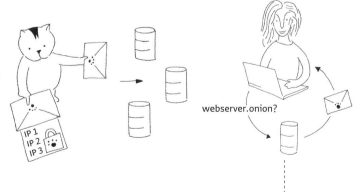

앨리스가 메시지를 받으면 앨리스의 소프트웨어는 webserver.onion의 공개키로 암호화한 비밀 메시지가 담긴 **소개 메시지**를 만들어. 앨리스는 이 소개 메시지를 소개 지점으로 보내고, 여기서 메시지가 내게 전달되는 거야.

메시지는 내게 도착하기까지 3개 노드로 구성된 Tor 서킷을 거치게 돼. 이때 각 노드는 전체 경로를 알지 못하므로 나와 앨리스의 익명성을 보장할 수 있어. '캣니프 어니언 서비스'는 앨리스의 소개 메시지를 복호화하고, 만남 지점의 주소를 찾아서 비밀 메시지를 보내.

그럼 나는 만남 지점에 연결하고 앨리스의 비밀 메시지를 첫 만남 메시지에 포함해. 만남 지점은 앨리스의 Tor 클라이언트에 언제 이 일이 발생했는지 알려주지. 이제 앨리스와 나는 서로의 3개 노드로 구성된 Tor 서킷을 활용해서 만남 지점에서 통신하게 돼. 이 만남 지점이 종단 간 암호화된 메시지를 전달하는 거야.

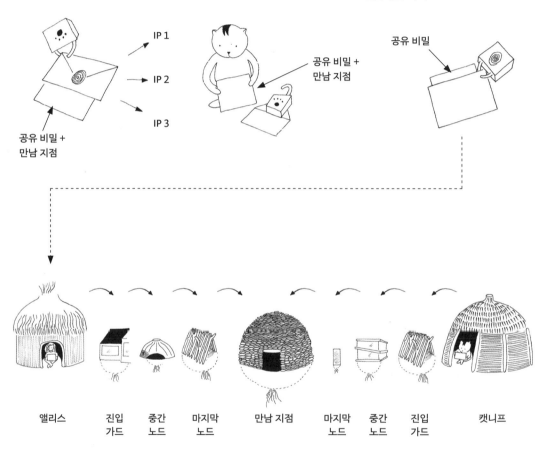

앨리스   진입 가드   중간 노드   마지막 노드   만남 지점   마지막 노드   중간 노드   진입 가드   캣니프

Tor의 한계

현재 Tor는 TCP를 패킷 전송 프로토콜로 사용해. 그래서 화상 통화나 토렌트를 통한 파일 공유 등 UDP 기반의 애플리케이션은 Tor에서 작동하지 않아. Tor를 사용할 때 모든 UDP 패킷은 거부돼.

Tor는 프라이버시와 익명성을 높이는 목적을 지닌 도구이므로 Tor에서 사용자 신원 정보나 개인 데이터가 보호되지 않는 경우를 제대로 알고 있어야 해.

무엇보다 Tor 소프트웨어를 자신의 서버에서 실행하는 모든 사람이 Tor 네트워크의 노드가 될 수 있다는 사실을 명심해야 해. 이 말은 Tor 노드를 운영하는 '염탐꾼'이나 다른 유해 엔티티 (entity)가 있을 수 있다는 뜻이야. 같은 엔티티가 한 사용자의 패킷을 전달하는 Tor 서킷에서 둘 이상의 노드를 제어한다면, 사용자의 신원과 트래픽에 관한 다량의 정보를 알아낼 수 있기 때문에 익명성이 깨지게 돼.

출구 노드에 접근할 수 있는 염탐꾼은 사용자가 HTTPS처럼 암호화되지 않은 웹사이트에 로그인하려 할 때 사용자의 신원을 파악할 수 있어. 따라서 Tor를 쓸 때는 항상 암호화를 함께 사용하는 것이 필수야.

마지막으로, 능숙한 공격자라면 발신지와 목적지에서 패킷 사이즈, 전송 시기, 들어오고 나가는 패킷의 양을 면밀하게 모니터링하는 것만으로도 암호화된 패킷의 콘텐츠를 유추할 수 있어. 이를 표적 트래픽 분석(targeted traffic analysis)이라고 하는데, Tor는 이런 공격을 방어하지 못한다는 한계가 있지.

Tor 네트워크 사용하기

Tor에 접근하는 방법은 두 가지야. 하나는 수동으로 디바이스나 라우터를 설정해서 Tor 네트워크로 트래픽을 주고받도록 하는 것이고, 다른 하나는 아래와 같은 소프트웨어 애플리케이션을 사용하는 거야.

TorBrowser (토어 브라우저)는 웹이나 다크웹을 검색할 때 타인이 추적하는 것을 방지하는 애플리케이션 이야.

TorBrowser와 Orbot 이라는 스마트폰용 애플리케이션을 사용하면 안드로이드(Android) 스마트폰에서 Tor를 사용할 수 있어.

Tails는 실시간 운영 체제로, 모든 네트워크 트래픽이 자동으로 Tor 네트워크를 거치게 해줘.

OnionShare를 사용하면 파일을 익명으로 공유할 수 있어.

컴퓨터는 어떻게
의사결정을 할까?

지금까지 네트워크에서 디바이스가 서로 통신하는 일반적인 방식에 관해 길게 설명해 왔어.
이제는 조금 더 깊이 들어가서 디바이스가 어떻게 작동하는지 알아볼 거야. 이번 장에서는
사이버네틱스, 알고리즘, 자동화라는 컴퓨터의 의사결정 방식을 알려줄게.

사이버네틱스

1948년에 노버트 위너
(Norbert Wiener)는 기계의 관리
및 통신 기법으로 사이버네틱스
(cybernetics)라는 개념을
고안했어. **사이버네틱스 시스템**은
시스템 속에서 전달되는 데이터를
활용해 시스템 자체를 조절하고
최적화하는 것을 말해.

사이버네틱스를 가장 간단하게
보여주는 대표적인 예가 난방
시스템이야. 특정 온도 이하로
기온이 내려가면 난방이 작동하고,
일정 온도 이상으로 기온이
올라가면 난방이 꺼지지. 사용자는
온도 설정을 바꿔서 난방기가
일정한 온도를 유지하도록 조절할
수 있어.

원하는 온도 → 입력 정보에 → 온도 조절기 → 조절 → 일정한 온도
(입력)　　　　따른 결정　　　(제어)　　　　　　　　　　(출력)

피드백

알고리즘

알고리즘이란 '하나 또는 집합적인 문제를 해결하는 방법을 설명하는 확실한 지침의 집합'으로 정의할 수 있어.

알고리즘은 현재를 만들었고, 미래를 이끌 정보 생태계의 핵심 개념이라고 할 수 있지.

참고로 알고리즘(algorithm)이라는 명칭은 이란의 수학자이자 천문학자인 무하마드 이븐무사 알콰리즈미(Muhammad Ibn-Mūsā al-Khwārizmī)의 이름에서 유래했어.

소프트웨어 알고리즘

알고리즘은 컴퓨터 소프트웨어에서 핵심적인 부분을 담당하고 있어. 소프트웨어 알고리즘은 논리적인 단계를 따르면서 사이버네틱스 시스템처럼 입력값에 기반한 출력값을 내놓게 돼. 알고리즘의 기본 원리는 x+2=y 같은 수학 방정식처럼 우리가 이미 배운 개념들이야. 이 방정식에 따르면 입력값(x)이 40일 때 출력값(y)은 42가 되는 것이지. 물론 컴퓨터로 더욱 어려운 문제를 풀려면 그만큼 복잡한 알고리즘과 많은 입력 데이터가 필요해.

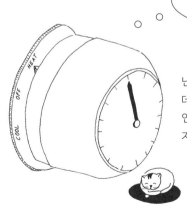

고양이와 인간은 약 21°C를 가장 선호하지.

난방 온도 조절기는 미리 확보한 데이터와 일정 온도를 넘기면 인간과 고양이가 불쾌해 한다는 지식을 바탕으로 온도를 조절해.

빅데이터 시대에 기업과 조직은 알고리즘을 활용해서 엄청난 양의 데이터를 검색할 수 있어. 검색한 각 데이터에 관련성 수준을 정할 수도 있고, 이를 바탕으로 중요한 정보를 뽑아내기 위해 기준을 세우고 분류를 수행할 수도 있지.

알고리즘은 평가를 거친 누적 데이터로 다음과 같은 작업을 수행할 수 있어.

- 패턴과 트렌드 인식
- 비슷한 데이터 포인트(data point) 그룹화

데이터를 더 많이 수집할수록 다른 데이터와 비교할 수 있는 데이터도 늘어나게 돼.

예를 들어 난방 온도 조절기는 추가 데이터 포인트(습도, 시간대, 고양이와 인간의 키 및 몸무게, 개인 선호도, 집에 있는 시간 등)를 활용해서 온도를 조절하기 위한 데이터를 수집하고 평가해.

이와 더불어 알고리즘이 다음과 같은 작업을 수행하도록 프로그래밍할 수도 있어.

- 의사결정
- 다음 행동 예측

다시 난방 온도 조절기의 예를 가져와 볼게. 보통 나는 아침 7시에 집을 나섰다가 저녁 8시에 돌아와. 따라서 조절기는 내가 집에 없는 시간에 난방을 최소화하고 온도를 낮게 유지해야 한다는 것을 학습하게 되는 것이지.

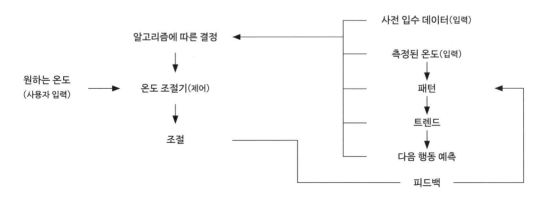

기업이나 조직이 알고리즘을 활용하는 방식은 다양한데, 이미 잘 알려진 다음과 같은 사례들이 있어.

검색 엔진　　추천 및 평점 시스템　　타깃 광고　　콘텐츠 필터링　　감시　　예측 치안 활동　　알고리즘 활용
　　　　　　(넷플릭스, 아마존,　　　　　　　　(스팸 방지, 아동 콘텐츠　　　　　　　　　　　　　　언론
　　　　　　스포티파이 등)　　　　　　　　　필터 등)　　　　　　　　　　　　　　　　(콘텐츠 자동 생산)

이 모든 알고리즘은 자동으로 데이터를 선택하고 데이터에 일정한 관련성을 부여해. 어떤 시스템에서는 사용자도 이 과정에 개입할 수 있어. 사용자가 알고리즘에 관여할 때는 상호 참조, 링크, 좋아요, 클릭, 댓글 달기, 시청, 콘텐츠 소비 등의 방법이 활용되지.

최근에는 이런 참여형 알고리즘이 두드러지는 현상이 나타나고 있어. 이런 흐름은 콘텐츠의 선택과 평가 주체를 대중매체의 언론인과 편집자에서 실제로 콘텐츠를 소비하는 사용자로 바꿔놓았어. 이제 사용자는 매우 단편적이고 간단한 작업만으로 알고리즘을 위한 콘텐츠를 미리 선택할 수 있어.

그러나 구글 페이지랭크나 아마존 추천 등 기업에서 사용하는 알고리즘들은 '영업 비밀'로 부쳐지거나 특허의 대상이 되는 경우가 대부분이야. 따라서 컴퓨터 연산 구조에서는 잘 보이지 않아.

알고리즘을 활용한 의사결정의 위험성

알고리즘으로 올바른 결정을 내리고 싶다면 꼭 생각해 봐야 할 중요한 질문들이 있어. 예를 들면 다음과 같은 것들이야.

'알고리즘은 데이터를 어떻게 평가할까?' '데이터는 사용자의 다양한 정체성을 정확하게 반영할 수 있을까?' '알고리즘이 사용자의 다음 행동을 예측한다면, 사용자의 행동이나 변화에서 개인의 책임은 과연 얼마나 될까?' '알고리즘은

어떻게 편향되어 있을까?' '이런 편향은 알고리즘 자체에서 발생할까, 아니면 과거의 차별과 사회 불평등이 반영된 데이터에서 발생할까?'

아래 그림은 중요한 정보의 선택과 분류를 전적으로 알고리즘에 맡겼을 때 발생할 수 있는 9가지 위험이야.

필터 버블이 난방 시스템에 적용된다면, 나중에는 온도를 원하는 대로 조절하지 못하고 지금 온도가 쾌적한지 아닌지만 표현할 수 있게 될 거야.

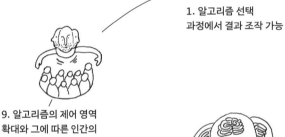

1. 알고리즘 선택 과정에서 결과 조작 가능

2. 다양성 감소와 필터 버블(filter bubble) 및 편향 생성을 통한 현실 왜곡 : 필터 버블이란 알고리즘이 사용자가 원하는 콘텐츠만 보여주고 원하지 않는 콘텐츠는 필터링할 때 발생하는 현상이야. 비슷한 성향의 콘텐츠에만 노출되고 같은 의견을 가진 사람만 접하게 되면서 기존의 편견이 더욱 강화될 수 있어.

9. 알고리즘의 제어 영역 확대와 그에 따른 인간의 자주성 및 기술 통제권 약화

3. 지능적 필터링을 통한 검열 등으로 통신과 표현의 자유 제약

8. 인지 능력 및 두뇌에 악영향

4. 데이터 보호와 개인 정보 감시 및 위협

7. 시장 권력 남용

6. 지식재산권 침해

5. 사회적 차별

자동화 수준

알고리즘을 활용하면 손으로는 절대
할 수 없는 수많은 작업을 해낼 수
있어. 모든 콘텐츠의 색인을 만들기
위해 웹을 크롤링[crawling. 정보 자원을
자동으로 수집, 분류, 저장하는 행위]하는
것이 대표적인 예시야. 이런 작업을
1차 자동화라고 해.

알고리즘은 1차 자동화를 넘어
자율적으로 작업 결과를 해석해서
이 결과와 예상 출력에 따라
의사결정을 자동화할 수도 있어.
이것을 **2차 자동화**라고 해. 검색
엔진이 스팸으로 알려진 웹 콘텐츠
링크를 미리 결과에서 삭제하거나
우선순위를 낮추는 것이 2차
자동화의 예시에 해당해.

머신러닝(machine-learning)
기술 활용이 확대되면서 자체 학습
알고리즘이 다른 알고리즘을
만들어내는 것을 보조하기도 하지.

알고리즘의 발전을 지켜보고
있으면 알고리즘과 인간 사이의
관리 및 통제 권한에 관한 여러 가지
철학적인 질문을 던지게 돼.
과연 인간은 어느 정도의 알고리즘
자율성 수준에서 가장 행복할까?
기술이 발전할수록 인간은 그만큼
더욱 행복하고 풍요로워질까? 만약
그렇지 않다면, 기술의 발전은
어디까지 이루어져야 할까?

알고리즘의 통제

앞서 살펴본 것처럼 강력한 알고리즘은 이미 우리 일상을 광범위하게 통제하고 있어. 하지만 제도적 규제, 법, 국가가 직접 개입하는 방식으로 알고리즘을 제어하는 행위는 여전히 뜨거운 논의의 대상이야.

현재로서는 특정 알고리즘의 작동 방식, 학습 방식, 또는 알고리즘으로 강화되는 편향의 메커니즘을 투명하게 알 수가 없어. 자체적으로 규제 방식과 수준을 선택할 수 있는 프로그래머나 콘텐츠, 서비스 제공업체의 윤리 의식에만 의존할 수도 없는 노릇이지. 여기서 '자체적인

규제'가 이루어진 예를 들어보자면, 어떤 제품을 '사생활 중심 설계(privacy by design)'라고 표현하고 시장에 내놓는 거야. 검색 엔진이 사용자 데이터를 수집·보유·판매하지 않고 알고리즘 지능(algorithmic intelligence)을 활용하는 것이 사생활 중심 설계 방식 중 하나라고 할 수 있어.

물론 이상과 현실은 달라. 수많은 기업의 경제 모델이 서비스를 무료로 제공해 주는 대신 어마어마한 양의 개인 사용자 데이터를 알고리즘 해석에 활용하는 방식으로 구성되어 있어.

국가에서 건설 산업이나 의약 부문의 안전 표준에 관한 제도를 마련하는 것처럼, 알고리즘 활용에 관한 국가적인 제도를 만들어야 할지도 몰라.[16]

알고리즘을 활용한 선택을 규제하기 위해서는 다음과 같은 개입 조치를 제시해 볼 수 있어.

• 공공 및 민간 분야의 역량 강화를 통한 지식 및 위험 분석 능력 증진
• 국제 인권 기준을 준수하는 기업에는 금전적 인센티브 제공, 위배하는 기업에는 벌금 부과
• 공공 서비스 공급
• 공정 경쟁 보장

이 중 일부 조치는 이미 법적 틀이 마련되었지만, 알고리즘을 활용한 선택에 기존의 틀을 얼마나, 어떻게 적용해야 하는지는 논란의 여지가 있어.

유럽 개인정보 보호법(GDPR. General Data Protection Regulation) 제정은 국제적인 기준을 마련해 준 첫걸음이야. GDPR은 유럽 연합(EU) 내 개인 정보 처리와 EU 외 지역으로의 개인 정보 전송을 규제하고,

사용자에게 자신의 개인 정보에 관한 권리를 보장하는 내용으로 구성되어 있어. GDPR은 곧 유럽뿐 아니라 전 세계에서 관련 제도와 규제의 기준으로 자리 잡았지.

지금처럼 알고리즘이 광범위하게 활용되는 시대의 흐름에 규정이 뒤처진다는 비판도 많지만, 미국에서 소비자 프라이버시법(CCPA. California Consumer Privacy Act)이 제정되는 계기를 마련해 주기도 했어.

그러나 편향 및 왜곡, 타율성 (인간의 통제나 개입 없이 기계가 스스로 의사결정을 내리는 것), 인간 인지 능력에 알고리즘을 활용한 선택이 미치는 영향 등의 위험성은 국가적인 제도나 규제로도 쉽게 해결하기 어려운 문제야. 그래서 우리는 이런 위험성을 분명히 의식하고 있어야 하고, 관련 지식을 다른 사람들과 지속적으로 공유하고 전파해야 해.

---

16 케임브리지 애널리티카(Cambridge Analytica) 데이터 스캔들을 공개한 내부고발자 크리스토퍼 와일리 (Christopher Wylie)가 한 말이야.

인터넷은 어떻게
구성될까?

인터넷의 계층

인터넷은 여러 계층으로 구성되고 서로 층층이 쌓여 상호작용하고 있어. 지금까지 인터넷의 구체적인 기능과 구성 요소에 관해 알아봤는데, 이제 인터넷을 작동시키는 사람(또는 기관)과 전체적인 시스템으로서의 인터넷을 확실하게 개념화해 보려고 해. 각 계층은 하위 계층을 기반으로 작동하고, 그보다 상위 계층에 서비스를 제공해.

사회 계층과 콘텐츠 계층은 OSI 모델에 포함되지 않아.

사회 계층

인터넷에서 가장 관계성이 높은 계층이야.
인터넷을 실제로 사용하는 사람과 인터넷을
관리하고 통제하는 인간관계로 구성되어 있어.

시민

기업

비영리 단체

정부

콘텐츠 계층

인터넷으로 어떤 데이터에 접근할 수 있고
사용할 수 있는지에 관한 계층이야. 가장 많은
사용자가 존재를 인식하고 있는 계층이지.

웹사이트(뉴스 사이트, 소셜 미디어,
블로그, 홈페이지)

엔터테인먼트

가상현실
(VR)

응용 계층

콘텐츠가 서비스되는 방식(application)을 말해.

웹 기반 플랫폼

이메일

인스턴트 메시지
(카카오톡 등)

인터넷 전화

논리 계층

서로 호환이 가능한 인터넷의 논리, 즉 표준
프로토콜은 디바이스와 디바이스에서 실행되는
애플리케이션끼리 연결해 주는 역할을 해.

네트워킹

라우팅

주소 지정(DNS)

트래픽 제어

인프라 계층

인터넷 인프라는 IP 네트워크의 물리적 기반,
즉 물리적인 구성 요소야. 논리 계층은
인프라 계층을 통해 정보를 한 곳에서 다른
곳으로 보낼 수 있지.

컴퓨터
(서버, PC, 모바일
디바이스)

사물인터넷
(IoT. Internet of
Things)

라우터(게이트웨이,
스위치),
데이터 센터

통신 케이블,
무선 네트워크,
위성 네트워크

개방형 상호접속시스템(OSI) 모델

1984년에 국제표준화기구(ISO. International Organization for Standardization)는 개방형 상호접속시스템(OSI. Open Systems Interconnection) 모델을 발표했어. OSI 모델은 OSI 기본 참조 모델, OSI 7계층 모델이라고도 부르며 통신 또는 컴퓨터 시스템의 기술적 통신 특성을 표준화한 개념적 모델이라고 할 수 있어. OSI 모델에서 각 계층은 자신보다 하위 계층의 기능을 이용할 수 있고, 이를 통해 상위 계층이 사용할 수 있는 기능을 제공해. 이 개념에 따라 인터넷 제어 영역 전반에 걸친 다양한 통신 시스템이 인터넷에서 서로 호환될 수 있는 거야. 아래 내용을 읽어보면 알겠지만 주로 하위 계층은 하드웨어적, 상위 계층은 소프트웨어적인 면이 강하다는 것도 알아두면 좋아.

7번째 계층: 응용(application)
사용자가 웹 브라우저 등 클라이언트 애플리케이션을 사용해서 직접 상호작용하는 계층을 말해.

6번째 계층: 표현(presentation)
애플리케이션끼리 데이터를 표현하고 전송하는 계층이야. 텍스트 암호화(인코딩) 또는 오디오/비디오 압축 등이 해당해.

응용 계층

5번째 계층: 세션(session)
다양한 세션 계층 프로토콜에 따라 연결(세션)을 설정하고 해제하는 방식으로 컴퓨터 간의 연결을 제어하는 계층이야.

4번째 계층: 전송(transport)
메시지, 세그먼트(TCP), 데이터그램(UDP) 등으로 그룹화된 패킷을 안전하게 전송하도록 돕는 계층이야.

3번째 계층: 네트워크(network)
주소 지정 방법 및 네트워크에서 패킷의 라우팅 방법을 정의해.

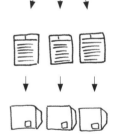

논리 계층

2번째 계층: 데이터 링크(data-link)
물리 계층에서 직접 연결된 두 노드 간의 데이터 프레임 전송을 정의하는 계층이야.

1번째 계층: 물리(physical)
데이터 연결의 전기적·물리적 사양을 정의해. 물리적 매개체 (전기 케이블, 광케이블, 라디오 주파수 스펙트럼)는 있는 그대로의 비트 스트림(raw bit stream)을 주고받아. 네트워크 어댑터, 리피터[repeater. 통신 거리가 멀어지면서 약해지는 전송 신호를 새로 재생해 다시 전달하는 재생중계장치], 모뎀이 바로 이 최하위 계층에서 작동하는 것이지.

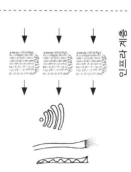

인프라 계층

10

인터넷은 누가 통제하고 있을까?

인터넷 거버넌스

지금까지 살펴본 것처럼, 인터넷은 전 세계에 퍼져 있는 네트워크로 수많은 자율 시스템이 자발적으로 상호 연결되어 있어. 이런 자율 시스템은 프로토콜, 하드웨어, 소프트웨어를 통해 호환돼.

지금 인터넷은 광범위한 원칙, 정책, 기술 표준에 따라 개발·조정·관리되고 있어. 이로 인해 인터넷이 원활하게 작동하고 더욱 발전할 수 있지.

인터넷 덕분에 정보는 거의 모든 주권 국가 사이를 자유롭게 이동하고, 수많은 공공 및 민간 기관이 인터넷의 물리적인 부분을 소유하거나 운영하고 있어. 단, 이를 조정하는 중앙 운영 기관은 없지.

그 대신 인터넷의 전 세계적인 호환성과 관련된 것들을 개발하고 유지하려 노력하는 사람들이 모여 **'인터넷 거버넌스'**를 구성했어.

이에 따라 관련된 한 가지 정책이 변화할 때 다른 측면에도 다양한 영향을 미치는 구조가 만들어졌어.

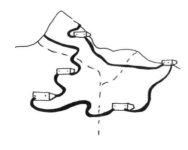

정확하게 일치하지는 않지만, 인터넷의 5가지 계층(사회 계층, 콘텐츠 계층, 응용 계층, 논리 계층, 인프라 계층)에 관한 모델을 보면 인터넷 거버넌스를 더 잘 이해할 수 있어. 이번 장에서는 각 계층과 함께 해당 계층이 관여하는 인터넷 거버넌스 프로세스를 살펴볼게.

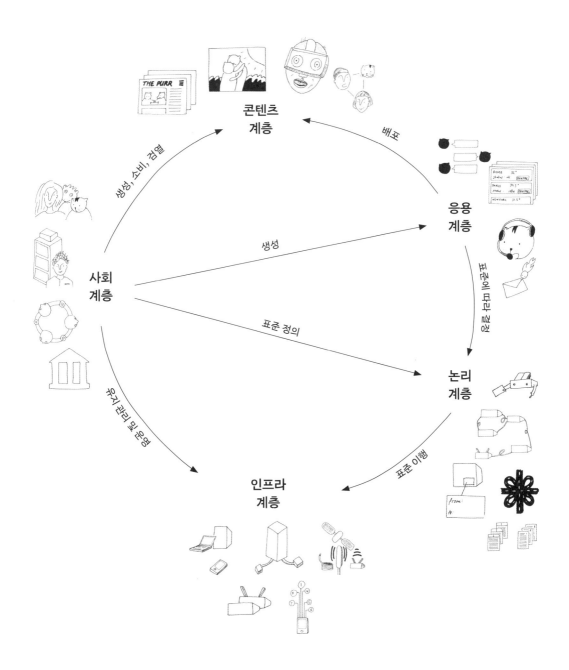

인프라 계층

인프라 계층은 패킷이 이동하는 '물리적 기술'을 의미해.

대략적인 물리적 인터넷의 구성은 그림과 같아.

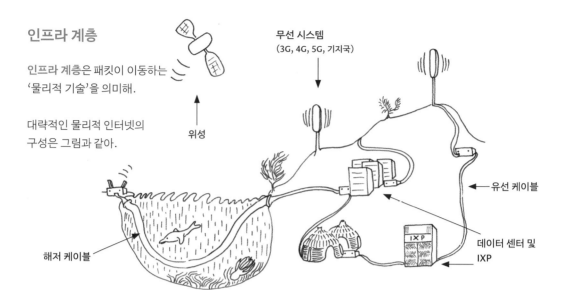

국제인터넷표준화기구 (IETF)

국제인터넷표준화기구(IETF. Internet Engineering Task Force)는 여러 표준 중에서도 인터넷 프로토콜군(TCP/IP) 같은 다양한 인터넷 표준을 개발하고 보급해. IETF는 설명 요청(RFC. Request for Comments)이라는 기술 문서를 만들어서 이를 바탕으로 표준을 제시하지. RFC를 반드시 따라야 하는 것은 아니지만 RFC는 인터넷을 설계, 사용, 관리하는 방식에 분명한 영향을 미쳐. IETF는 개방형 표준 기구이므로 공식 회원제로 운영되지 않아. 따라서 모든 참여자는 특정한 자격이나 허가 없이 자발적으로 IETF에 참여하고, 이들의 고용주나 후원자가 활동을 재정적으로 지원하고 있어. 이에 관해서는 다음 장에서 좀 더 자세히 다루도록 할게.

→ https://www.ietf.org

인터넷 연구 태스크포스 (IRTF)

인터넷 연구 태스크포스(IRTF. Internet Research Task Force)는 인터넷의 발전과 진화에 관해 연구하는 단체야. 인터넷 프로토콜, 애플리케이션, 아키텍처, 기술과 관련된 주제를 집중적으로 장기간 연구하는 팀을 만들기도 하지.

→ https://www.irtf.org

인터넷아키텍처위원회 (IAB)

인터넷아키텍처위원회(IAB. Internet Architecture Board)는 IETF와 IRTF의 기술 및 엔지니어링 개발을 관리하는 곳이야.

→ https://www.iab.org

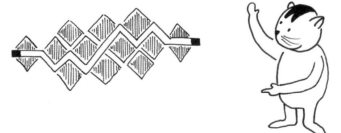

IETF와 IRTF는 비슷한 일을 하는 기관이야. IETF가 단기 연구에 집중한다면, IRTF는 장기 연구에 좀 더 집중하는 곳이라고 보면 돼.

전 세계적으로 이런 인프라는 대개 민간 통신사가 소유하고 있어.

하드웨어와 소프트웨어를 비롯한 인프라 계층의 기술은 인터넷 프로토콜 등 논리 계층이 정의한 표준을 적용해서 기능이 호환되도록 만들어. 따라서 인터넷 프로토콜을 제대로 구사하지

않거나 독자적인 통신 프로토콜을 사용하는 라우터는 인터넷에서 안정적으로 기능할 수 없어.

인프라 계층에서 인터넷 운영과 호환성을 책임지는 기관들은 협업을 통해 하드웨어 표준을 정하고, 인터넷 프로토콜을 정의하고, 전 세계 및 지역별

인터넷 당국과 거버넌스를 조율하고 있어. 물론 실제 인터넷 사용자인 우리는 인프라 계층에 속하는 기관들에 관해 잘 모르지만, 이들은 인터넷이 안정적으로 호환되는 데 필수적인 일을 하고 있어.

인터넷소사이어티 (ISOC)

ISOC는 '인터넷의 열린 개발, 진화, 세계 모든 사람에게 유용한 인터넷 사용 진흥'을 사명으로 하는 미국의 비영리 단체야. ISOC는 IAB, IETF, IRTF의 활동을 지원하고 추진하지. IETF의 상위 단체이기도 해. '인터넷 표준'이라는 이름이 붙은 것을 포함한 모든 IETF RFC 문서의 저작권은 ISOC에 있어.

→ https://www.internetsociety.org

국제인터넷주소관리기구 (ICANN)

ICANN은 인터넷의 고유한 식별자 체계인 IP 주소와 최상위 도메인 영역(DNS 루트 영역)을 조율하는 곳이야. 3장에서 소개했던 인터넷 할당 번호 관리 기관(IANA)이 바로 ICANN의 산하 기관이지.

대륙별로 지정된 아래 5개의 인터넷 레지스트리(RIR)는 전 세계에서 사용되는 IP 주소의 할당과 등록을 관리하고 있어.

아프리카: https://afrinic.net
아시아 태평양: https://apnic.net
캐나다 & 미국: https://arin.net
라틴아메리카 & 카리브해:
https://lacnic.net
유럽, 중동 및 일부 중앙아시아:
http://ripe.net

미국전기전자학회 (IEEE)

IEEE는 광범위한 최신 통신 하드웨어용 국제 표준을 개발하는 곳이야. 이더넷, 블루투스, 와이파이처럼 디바이스와 인터넷을 연결해 주는 네트워크 표준을 다뤄. 로봇공학, 스마트 도시, 인공지능과 관련된 표준도 세우고 있어. IEEE는 국제표준화기구(ISO)와 협력하는 관계라고 할 수 있지.

IEEE의 구조는 복잡하지만 지역별·기술별로 조직이 나뉘어 있고, 각 조직은 로컬 영역 네트워킹이나 인공지능 등 기술적 주제에 기반한 다양한 단위로 구성되어 있어.

→ https://www.ieee.org

논리 계층

각자 다른 네트워크가 호환되려면
서로 '같은 언어'를 구사해야 해.
이 말은 곧 같은 표준과 절차를
따라야 한다는 뜻이야. 이런 표준의
정의는 인터넷의 논리 계층에서
정해.

논리 계층은 인터넷이 작동하도록
만들어. 다시 말하면 인터넷 기능이
실제로 작동하는 데 필요한 모든
프로세스를 만드는 여러 절차의
집합이 바로 논리 계층이야.

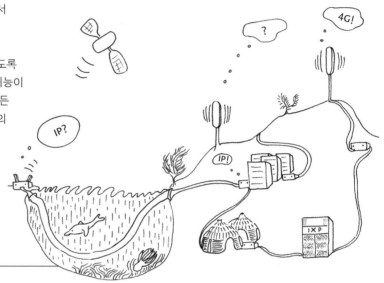

그럼 논리 계층을 어디에서 관리하는지 알아보자.

IETF에서는 TCP/IP와 같은 인터넷 프로토콜과   IEEE에서는 하드웨어와 와이파이 표준을 개발해.
표준을 개발하고 정의해.

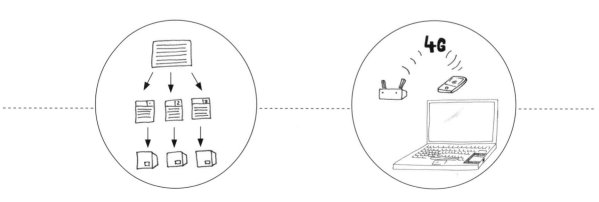

국제전기통신연합(ITU)

물리 계층에서의 거의 모든 조율은 국제전기통신연합(ITU. International Telecommunication Union)이 담당하고 있어. ITU는 유엔(UN) 산하 단체로, 전 세계 라디오 스펙트럼과 휴대폰 네트워크의 사용 및 접근을 조율하지. 위성 궤도에 관한 국제 협력을 도모하고, 통신 관련 기술 표준 개발도 함께 조율하고 있어.

하지만 ITU의 표준화 작업은 억압적인 정권이 자국의 인터넷 자유를 억제하는 수단으로도 악용되고 있어. 예를 들어 독재자가 정권을 잡으면, 차세대 기술 표준을 만들 때 감시와 추적을 더 쉽게 수행하는 기능을 넣으라고 강요할 수 있기 때문이야. 표준화의 본질적인 맹점을 잘 보여주는 예시이기도 해.

ICANN은 DNS와 같은 인터넷 서비스와 루트 영역을 관리하지.

IANA와 RIR에서는 IP 주소를 전 세계에 할당하고 분배해.

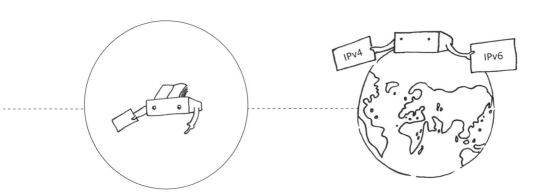

콘텐츠 및 응용 계층

콘텐츠 계층은 인터넷 거버넌스와
관련한 정치적·대중적 토론의
중심에 있는 계층이야. 가장 많은
논란을 일으키는 문제(프라이버시,
암호화, 언론의 자유, 인권, 지식재산)
들이 바로 이 계층에 있는
소프트웨어와 애플리케이션에서
비롯되지. 이와 관련된 논의
대부분은 국가 규제나 민관 합의와
같은 기존 정책 수단을 통해
이루어지고 있어.

인터넷거버넌스포럼 (IGF)

→ *https://www.intgovforum.org*

인터넷거버넌스포럼(IGF. Internet
Governance Forum)은 정부, 민간
기업, 시민 사회가 콘텐츠 계층의
주요 문제를 논의하는 글로벌
포럼이야.

인터넷을 사용하는 세계 인구 비율[17]=53.6%

---

17   ITU는 2019년 말 기준으로 전 세계 인구의 약 53%가 인터넷을 사용하는 것으로 추산했어.

사회 계층

종종 경시되는 경향이 있지만, 기본적으로 인터넷을 만드는 존재와 사용하는 존재 모두 사람이라는 점을 반드시 잊지 말아야 해. 10장에서 인터넷의 계층을 설명하면서 사회 계층이 무엇인지 정의했어. 이렇게 사회 계층을 정의한 이유는 인터넷 계층 내에서 '사람'에게도 정당한 위치를 부여하기 위해서야.

지금까지 계층을 설명하면서 오늘날에도 엔지니어가 유용하게 쓰고 있는 'OSI 모델'을 출발점으로 삼고, OSI 모델을 기반으로 비록 기술적이지는 않지만 매우 중요한 계층인 사람을 언급했지. 인터넷은 전 세계 사람의 일상에 완전히 녹아들었어. 심지어 인터넷에 완전히 연결되지 않았을 때도 마찬가지야.

인터넷의 사회경제적 측면은 주로 아래와 같은 주체가 움직이고 있어.

• 국가 및 정부
• 민간 기구 및 기업
• 논리 계층에서 운영되는 정책
• 기관(예: IETF)
• 시민

11

인터넷에서 권력은
어떻게 분배될까?

초기 인터넷의 지향점은 권력이
사용자 모두에게, 평등하게 분배된
이상적인 네트워크였어.

그러나 현재 인터넷은 통합된
서비스를 통해서 소수에 의해
콘텐츠가 통제되고 있지.

이처럼 인터넷 권력이 집중되는
현상은 여러 가지 문제를 일으킬 수
있어.

첫째, 몇몇 선진국의 대기업만이
인터넷 작동 방식을 결정하게 돼.
그들만의 의사결정은 다른 모두를
배제할 수 있다는 위험이 있지.

둘째, 민간 부문이 시민 사회의
참여 없이 인터넷 표준을
수립해서 시민 사회의 요구를
간과할 수 있어.

셋째, 보통 민간 기업은 민주적으로
운영되지 않아. 그렇다고 국경을
넘어 분권화된 인터넷을 시민
사회가 관리하기도 더욱 어렵지.
시민 사회 역시 다국적 기업에게
법과 국제 인권 규범을
준수시키거나 프라이버시, 표현의
자유, 결사의 자유를 보장할 수
없기 때문이야.

마지막으로, 중앙집중식
인터넷은 소수의 특권 집단 또는
지역 내에서만 특허와 지식재산을
공유함으로써 정보와 권력을
독점할 수 있어.

콘텐츠 전송 네트워크(CDN)

콘텐츠 전송 네트워크(CDN. Content Delivery Network)는 지리적으로 분산되어
콘텐츠(이미지, 동영상, 기타 스트리밍 미디어)를 호스팅하고 사용자에게 전송하는 네트워크야.

오늘날의 뉴스 웹사이트 같은
콘텐츠 공급자는 세계 어딘가에
있는 컴퓨터 한 대에 웹사이트
하나를 호스팅하지 않아. 그 대신
CDN에 콘텐츠를 호스팅하지.
그러면 CDN에서는 공급자의
콘텐츠를 자신의 콘텐츠
네트워크로 복제해 와서 사용자와

지리적으로 가까운 서버에
콘텐츠를 전송해 줘. CDN을 이용할
때 가장 큰 장점은 속도가 빨라서
가용성과 성능이 높아진다는 거야.
덕분에 CDN은 현재 인터넷
대부분에서 활용되고 있어.

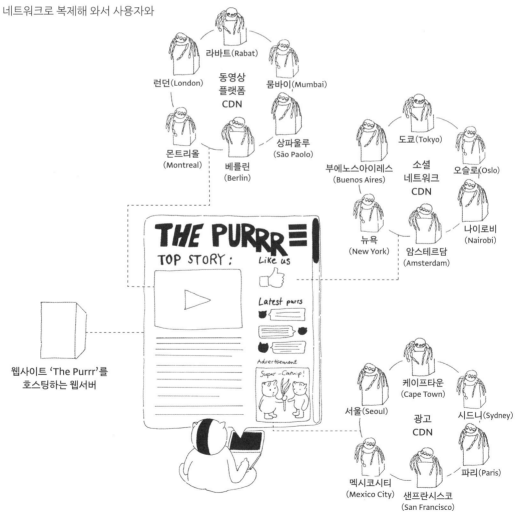

따라서 어떤 웹사이트에 방문하는 순간 수많은 서버로부터 콘텐츠를 불러오게 돼. 이 방법으로 인터넷 속도는 빨라지지만, 중간에 다른 중개자가 쉽게 개입할 수 있어. 이때 이 중개자를 신뢰할 수 없다면 사용자 프라이버시를 침해할 위험이 있는데, CDN은 누가 어떤 콘텐츠를 불러오는지 볼 수 있기 때문이야. 그렇지만 CDN에서 콘텐츠를 호스팅하면 콘텐츠의 가용성이 더욱 안정화되어 검열을 완화할 수 있다는 장점도 있어.

동영상 스트리밍을 중심으로 인터넷에서 트래픽이 급증하자, 통신 서비스 업체들은 통신사 CDN(telco CDN)이라고 부르는 독자적인 CDN을 구축하기 시작했어.

주요 CDN과 콘텐츠 공급자가 제공하는 서비스에는 다음과 같은 것들이 있어.

- 클라우드플레어 (Cloudflare)
- 아카마이 테크놀로지스 (Akamai Technologies)
- 아마존 클라우드프런트 (Amazon CloudFront)
- 마이크로소프트 애저 (Microsoft Azure)
- 통신사 CDN

거의 모든 인터넷 중개자가 그랬듯이, CDN 역시 법에 따라 사용자 데이터를 요구받았을 가능성이 높아. 각 CDN에 관해 조금 더 깊게 살펴보자.

클라우드플레어

클라우드플레어는 웹 성능에 초점을 맞춘 미국 기업으로 사이버 보안, 디도스(DDoS) 예방, 안정적인 DNS 및 콘텐츠 제공과 관련된 서비스를 기업에 제공해. 여러 피싱 웹사이트를 호스팅하고, 이슬람 급진 단체인 IS의 토론방은 그대로 두면서 에잇챈[8chan. 미국의 익명 극우 인터넷 커뮤니티]은 폐쇄하는 등 기준이 모호한 자의적인 결정으로 비판을 받기도 했어.

아카마이

아카마이는 클라우드 서비스 제공업체야. 이 말은 자신의 분산 CDN을 대규모 웹사이트에 판매한다는 뜻이지. 아카마이의 CDN은 전 세계 웹 트래픽의 15~30%를 차지할 정도로 어마어마해. NSA와 FBI가 페이스북의 아카마이 CDN을 활용해서 페이스북 사용자의 정보를 수집한다고도 알려져 있어.

통신사 CDN

사용자에게 브로드밴드[broadband. 광대역]를 공급하는 기업은 CDN도 제공할 수 있어. 이는 스트리밍 동영상 시청으로 인한 브로드밴드 사용량이 늘어나자 그 비용을 줄이기 위해서야. 어떤 통신사 가입자가 전 세계적으로 인기 있는 동영상을 시청하면, 통신사 CDN은 다른 사용자도 시청할 경우를 대비해서 해당 콘텐츠를 로컬 캐시에 저장하는 식이지.

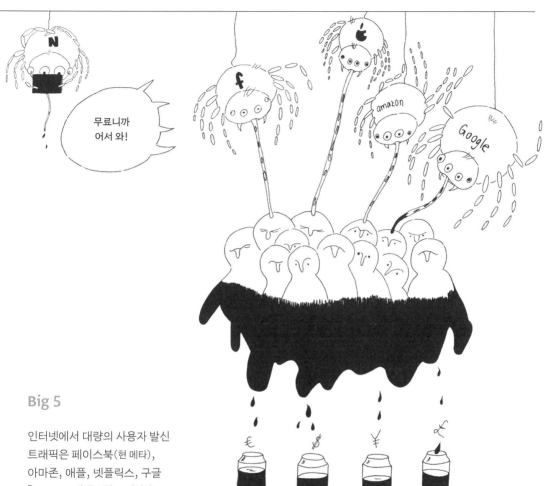

Big 5

인터넷에서 대량의 사용자 발신
트래픽은 페이스북(현 메타),
아마존, 애플, 넷플릭스, 구글
[FAANG. 5대 글로벌 IT 기업의
머리글자를 딴 약자] 간에 공유돼.
이들 5개 기업을 'Big 5'라고
부르는데 사용자 데이터,
메타데이터, 페이지 조회 시 보이는
광고 수익 등을 대가로 무료 또는
저가 서비스를 제공하고 있어.
즉 사용자가 곧 제품이 되고,
사용자 데이터는 정보화 사회에서
석유 같은 필수 원자재 역할을 하는
거야. 구글의 광고 수익은 구글 총
매출의 90% 이상을 차지하고 있어.

권력의 물리적 집중

소프트웨어뿐 아니라 심지어 물리 계층에서도 인터넷을 통한 권력의 집중이 나타나.
하드웨어 산업을 장악하고 있는 기업에는 에릭슨(Ericsson), 화웨이(Huawei), 시스코(Cisco)
등이 있어.

에릭슨 모바일 커뮤니케이션즈
(Ericsson Mobile Communications)
는 무선 기술, 휴대폰, 네트워크
기술 개발, 네트워크 변환,
네트워크 최적화 등의 네트워크
서비스를 개발하는 스웨덴의
다국적 기업이야.

화웨이 테크놀로지스(Huawei
Technologies Co., Ltd.)는 중국의
다국적 기업으로, 세계 최대의 통신
장비 제조업체라고 할 수 있어.

시스코(Cisco)는 미국
샌프란시스코에 있는 다국적
기업이야. 데이터 센터의 네트워크
장비, 전화 통신 제품 및
애플리케이션을 생산하지.
시스코는 아카마이와 제휴해서
데이터 센터용 네트워크 디바이스
배포 도구를 만들기도 했어.

시스코는 에릭슨과 제휴를 맺고
함께 클라우드와 IP 아키텍처를
개발했으며, 양사의 네트워크
장비와 호환되는 네트워크 관리
시스템을 구축했어.

또 애플과 함께 아이패드(iPad) 및
아이폰(iPhone)용 시스코 시큐리티
커넥터(Cisco Security Connector)를
개발했지. 즉 애플 iOS 디바이스의
강화된 보안과 프라이버시를
시스코에서 제공하게 된 거야.

권력의 정치적 집중

권력과 영향력이 집중되는 현상은 논리 계층에서도 두드러지게 나타나고 있어. 다자
이해관계자 모델(12장 참고)은 아직도 인터넷 거버넌스 개방성을 의도했던 수준까지
실현하지 못했지. 인터넷 거버넌스 단체의 구성원은 대부분 대기업 직원 등 소수의 의견을
대변하는 사람들로 구성되기 때문이야. 구성원들은 저마다 자기 회사 제품을 표준으로
만들어 정당성을 확보하려 하지. 이에 따라 해당 기업이 경쟁에서 우위를 점하게 돼.

IETF로의 집중과 영향력

IETF 회의는 전 세계에서 1년에
4번 열려. 명목상으로는 누구나,
어디서든(원격으로도) RFC와 표준
작성에 참여할 수 있어. 그러나
오프라인 회의가 열렸을 때 각 회의
장소로 직접 이동하고 입장료로
875달러를 내는 일은 회사의
지원이 없으면 결코 쉽지 않은
절차야. 따라서 IETF에서 수립되는
표준은 IETF 회의 참가 비용을
지원할 수 있는 대기업의
이해관계에 따라 왜곡될 가능성이
높아.[18]

ICANN: 산업 엑스포

ICANN은 비영리 단체로서 일반
최상위 도메인(gTLD) 생성자에게
라이선스 비용을 받는 것으로
수입을 창출해. ICANN은
온라인에서 경쟁과 표현의 자유를
증진하는 개방형 프로세스를
표방했지만, 실제로 하는 일은
gTLD를 소유한 업체를 조율하고
관리하는 역할이야. 따라서
ICANN의 결정 사항은 미국
지식재산 법률을 따르고 기업의
이해를 우선시하는 경향이 있어.

새로운 gTLD를 신청하려면 유창한
영어 실력과 적어도 18만
5,000달러 이상의 비용이 필요해.
절차도 복잡하고 오래 걸리지.
그 결과 남반구[Global South. 주로
개발도상국이나 저개발 국가를 의미]
에서 접수되는 신청서는 손에 꼽을
정도가 되고 말았어.

---

18 IETF 표준 작성자의 소속 기업 표는 이곳에서 볼 수 있어. https://www.arkko.com/tools/rfcstats/
companydistr.html

ITU에서 대두되는 5G

무선 표준인 5G를 사용하면 대역폭이 늘어나고 벽지에서도 브로드밴드의 속도를 이용할 수 있어. 데이터 속도 증가, 커버리지(범위) 개선, 더 효율적이고 안정적인 연결, 비용 절감 등 많은 장점이 있는 5G 기술은 도심의 유선 연결을 대체할 가능성이 충분해. 유선 인터넷 사업자는 서비스 가격과 비용에서 점점 5G의 상대가 되지 못할 거라고 보는 사람이 많아.

앞으로도 개인 사용자가 인터넷에 연결하는 방식은 5G가 대세일 거야. 이에 맞춰 일부 기업은 ITU에서 5G 관련 문제에 막대한 로비를 하고 있어. 미래 시장의 점유율을 놓고 경쟁하기 위해서야. 현재 노키아(Nokia), 삼성, 화웨이, 인텔(Intel), 에릭슨, ZTE 등의 기업이 5G 개발을 주도하고 있어. 이들은 앞다투어 다른 기업이 기술을 사용하지 못하도록 관련 기술의 특허를 내고 있지.

좀 더 자세히 뜯어보면, 5G 기술의 표준화는 3GPP(3rd Generation Partnership Project)라는 곳에서 이루어지고 있어. 3GPP도 표준화 기구로서 IETF처럼 기여 방식으로 운영돼. 3GPP 역시 누구나 기여할 수 있다고는 하지만 참여자 대부분은 차이나 모바일(China Mobile), 버라이즌(Verizon), SK텔레콤, AT&T, 보다폰(Vodafone), 도이치 텔레콤(Deutsche Telekom), 아메리카 모빌(América Móvil) 등 통신 대기업의 직원이야. 3GPP에서 수립된 표준은 모바일 스펙트럼과 관련되기 때문에 ITU에서 승인을 받아.

이처럼 민간 기업은 ITU에서 엄청난 영향력을 행사하고 있어. ITU 정책 절차에 참여할 금전적·시간적 여유가 충분하기 때문이야. 이들의 영향력은 비정부 회원과 비교할 수 없을 정도로 크지. 따라서 상업적인 영향력의 균형을 맞추려면 ITU에서 시민 사회의 참여가 지금보다 더 늘어나야 해.

저기요!

인터넷 거버넌스에 어떻게 참여할 수 있을까?

인터넷 거버넌스는 기존의 다자 거버넌스와 다른 독특한 특성이 있어. 시민 사회 단체가 다른 이해관계자와 비교적 동등한 입장에서 인터넷을 운영하는 정책 수립에 직접 참여하기 때문이야. 따라서 마음만 먹으면 다른 기존 분야에 비해 개인 또는 시민으로서 적극적으로 개입할 수 있는 기회가 열려 있다고 할 수 있어.

다자 이해관계자 모델

전화나 전부 같은 이전의 통신 기술은 정부나 국영 기업이 독점으로 통제하고 규제하는 경우가 많았어. 하지만 인터넷 거버넌스는 독특한 다자 이해관계자 모델을 기초로 하고 있지.

다자 이해관계자 모델은 정부, 민간 부문, 시민 사회, 관심이 있거나 활동하고 싶어 하는 모든 사람의 참여가 필요해. 다양한 당사자의 참여 덕분에 시민 사회는 단지 로비만 하는 것이 아니라, 전 세계 인터넷을 만드는 정책을 토론하고 결정에 참여할 수 있게 돼.

그러나 다자 이해관계자 거버넌스는 아직 초기 단계이고, 다양한 이해관계자가 권력을 평등하게 분배받는지에 관한 합리적인 우려도 있어.(11장 참고) 그럼에도 불구하고 다자 이해관계자 인터넷 거버넌스에 참여할 수 있는 장소와 방법은 많이 있고, 대부분은 개방형 프로세스를 채택하고 있지. 이번 장에서는 다자 이해관계자 거버넌스가 이루어지는 다양한 곳과 그 메커니즘, 구체적인 참여 방법에 관해 알아보려고 해.

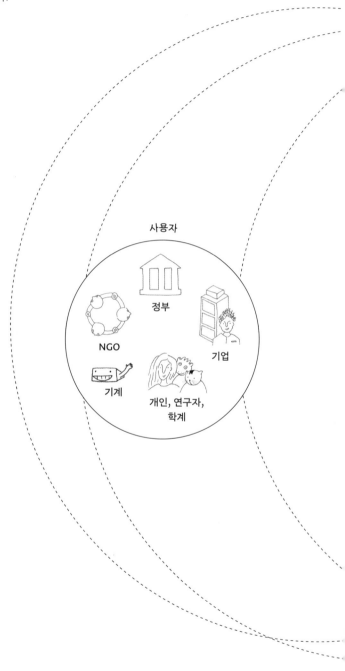

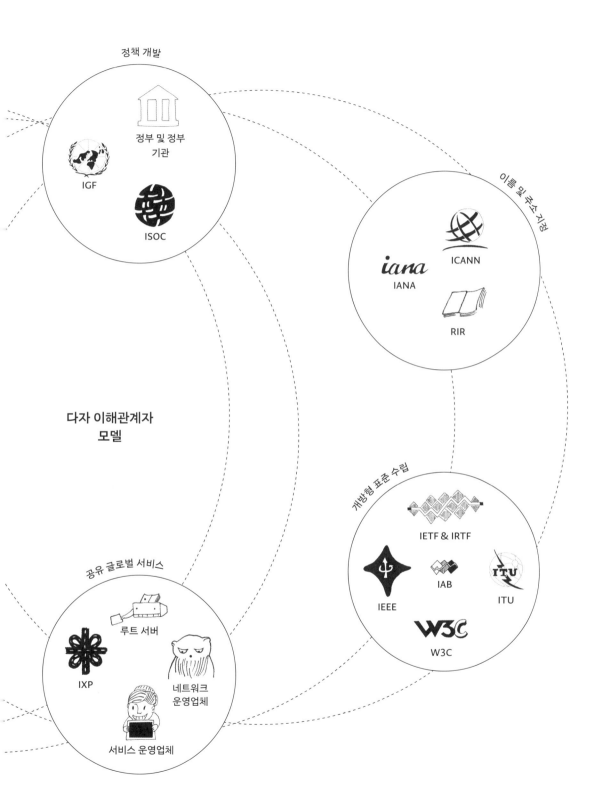

정책 개발

정부 및 정부 기관

IGF

ISOC

이름 및 주소 지정

ICANN

IANA

RIR

다자 이해관계자 모델

개방형 표준 수립

IETF & IRTF

IEEE

IAB

ITU

W3C

공유 글로벌 서비스

루트 서버

IXP

네트워크 운영업체

서비스 운영업체

인터넷 거버넌스에 참여할 수 있는 기구

전 세계의 인터넷 거버넌스는 최대한 많은 다자 이해관계자의 의견을 반영하고 싶어 해. 따라서 다양한 지식을 충분히 갖춘 이해관계자들이 이런 의사결정 기구에 반드시 참여해서 개방적이고 다원적이며 민주적인 인터넷을 만들기 위해 노력해야 해. 물론 표준 수립 기구에서 토론 포럼에 이르는 수많은 인터넷 거버넌스 기구가 모든 인터넷 거버넌스 문제를 해결할 수 있는 것은 아니야. 각 기구의 사명을 잘 이해하고 이행해서 참여를 보장하고, 주제가 불필요하게 겹치지 않도록 하는 것이 중요해.

개방형 표준 수립

하드웨어, 프로토콜, 기타 인터넷 관련 기술의 세계 표준을 수립하는 기구는 여러 곳이 있어.

IETF

IETF는 주로 하위 계층의 인터넷 표준을 수립하는 기구로 전문 용어, 고유한 절차, 기술적인 문제들이 혼합된 주제를 다루는 곳이야. IETF는 보통 메일로 의견을 교환하고 합의에 활용하는 방식이라 표준화 절차가 굉장히 빠르고 유연하다는 장점이 있어. 심지어 논쟁 중인 주제에 '대략적인 합의'에 도달하기만 하면 되기 때문에 찬반을 공식적으로 투표하지 않고 간단한 '콧노래'를 흥얼거리는 것으로 대신하기도 해.[19] 이처럼 표준화 절차는 간소하지만, IETF에서 결정된 사항들은 인터넷의 형태와 역량에 적지 않은 영향을 미쳐. 따라서 참가자는 인권, 프라이버시, 보안, 접근성과 같은 문제에 집중해야 해. IETF에서 가장 취약하고 위협받는 사용자들의 보안과 프라이버시를 지키는 기술을 협의하고 표준화하려면 시민 사회의 참여가 필수적이야.

IETF에 참여하는 방법은 다음과 같아.

• 개인 참가자로 연구 그룹에 참여
• IETF 멘토링 프로그램에 참여
• 생각이 같은 개인 참가자와 함께 비공식 'BoF(Birds of a Feather)' 회의를 통해 새로운 공식 실무단을 만들어야 하는지 논의
• 실제 문제에 집중하고 IETF 회의 전 주말에 열리는 IETF 해커톤(hackathon)에 주제 제안
• 성 정체성이 여성인 경우, 시스터(Syster) 메일링 리스트와 IETF 내 참가자 성비 균형을 개선하는 회의에 참여

→ IETF 웹사이트: *https://ietf.org*

IEEE

IEEE는 전 세계에서 가장 큰 기술 밀 엔지니어링 전문가 협회야. 여기서는 새로운 기술과 실무단의 신설 등을 제안할 수 있지. IEEE에 참여하는 방법은 다음과 같아.

• 지역별 부서(local section), 지부(chapter), 학생 지부(student branch) 또는 동호회(affinity group)에 참여

• IEEE의 기존 기술 표준 그룹에 참여
• 자율 시스템 설계에서 윤리적 고려에 관한 글로벌 이니셔티브 (Global Initiative for Ethical Considerations in the Design of Autonomous Systems) 또는 하위 실무단에 참여

→ IEEE 웹사이트 : *https:// www.ieee.org*

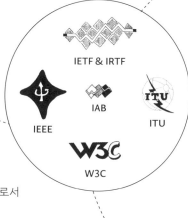

ITU

ITU는 가장 오래된 국제 거버넌스 기구로 시민 사회로서 참여하기는 쉽지 않은 곳이야. ITU는 다자 기구로서 원칙적으로 국가만 회원이 될 수 있어. 따라서 참여가 완전히 열려 있는 것은 아니지만, 이제는 비정부 단체도 옵서버(observer) 회원 자격으로 참여할 수 있게 되었어. ITU는 특히 남반구의 통신 접근성을 위한 표준과 인프라 개발에 중요한 역할을 해. ITU에 참여하는 방법은 다음과 같아.

• 국가 대표단에 참가하거나 비정부 부문 옵서버 회원으로서 ITU에 기여 회원으로 참여
• ITU 회원인 시민 사회 주체 또는 학계 기관을 찾아서 공동 의제 수립
• 4년마다 열리는 ITU 콘퍼런스에 참여해서 향후 4년의 ITU 로드맵 결정에 참여

→ ITU 웹사이트 : *https://www.itu.int*

---

19 IETF의 Tao에서는 'IETF 방식'을 소개해. IETF 회의와 작업 그룹 내부에서 일어나는 일, IETF 관련 단체의 토론, 표준 프로세스 소개 등의 내용이 담겨 있어. Tao는 IETF의 공식 프로세스 문서는 아니지만 비공식 정보 개요인 셈이지. 자세한 내용이 궁금하다면 IETF 사이트의 다음 링크를 참고하도록 해. https://www.ietf.org/about/participate/tao

정책 개발

인터넷이 널리 퍼지는 만큼 인터넷 관련 정책 수립도 여기저기서 이루어지고 있어. 그러나 이 중에서 전 세계적인 문제를 토론하는 다자 이해관계자 공간은 딱 하나로 대표할 수 있어.

인터넷거버넌스포럼

인터넷거버넌스포럼(IGF)은 누구나 토론과 워크숍을 연례 회의에 제안하고 조직할 수 있는 개방적인 포럼이야. 이 회의에서는 다양한 이해관계자가 모여 동적 연합(Dynamic Coalition)이라는 실무단을 만들어 구체적인 이슈를 논의해. 예를 들어 '인터넷 표현의 자유와 언론의 자유'라는 동적 연합은 말 그대로 인터넷에서의 표현과 언론의 문제를 살펴봐.

커뮤니티 연결(Community Connectivity)이라는 동적 연합은 커뮤니티 네트워크를 활용해서 접근성이 떨어지는 지역의 정보 연결과 접근성을 개선하는 방안을 집중적으로 다루는 식이야.

→ IGF 참여 웹사이트:
  https://www.intgovforum.org

정부 및
비정부 기구

IGF

ISOC

도메인 이름 및 주소 지정

도메인 이름과 IP 주소는 무한하지 않은 한정된 자원이야. 따라서
이 유한한 자원을 분배할 전 세계적인 거버넌스도 필요하지.

ICANN

도메인 영역을 관리하기 위한
ICANN 참여는 누구에게나 열려
있어. ICANN은 기구의 업무와 참여
방법에 관한 다양한 튜토리얼을
웹사이트에 게시해 놓았어.
(https://www.icann.org 참고)

처음 참여하기 가장 좋은 곳은
ICANN 연관 단체인 비상업적
사용자 모임(NCUC. Noncommercial
Users Constituency)이야. 여기서는
주로 gTLD 정책 수립을 도와.

→ 웹사이트:
 https://www.ncuc.org

ICANN은 2016년부터 ICANN이
정책 결정을 내릴 때마다 해당
정책의 인권 영향 평가를 반드시
실시하라는 내규를 정했어.
이 평가 정보는 아래 웹사이트에서
볼 수 있어.

→ https://icannhumanrights.net

인터넷 거버넌스에서는 인터넷
운영 정책을 수립할 때 시민 사회
단체를 중요한 이해관계자로
인식해. 그러나 실제로는 전 세계적
차원에서 중요한 인터넷 정책을
수립할 때도 참여하는 단체가
그리 많지 않아.

기술 표준 수립에 참여하는
시민 사회 단체는 더욱 드물지.
하지만 시민 사회 단체는 언제든
적극적으로 정책 수립에 참여할 수
있어. 인터넷 거버넌스에서는
언제나 어려운 결정을 내려야 하고,
서로 대립하는 이해관계를
절충해야 하는 상황이 발생해.

시민 사회에서 획일적인 의견은
존재하지 않고, 공익은 다양한
방식과 형태로 표출될 수 있다는
것을 꼭 기억해 줘.[20]

---

20 미국 암호학자, 컴퓨터 보안 전문가, 프라이버시 전문가인 브루스 슈나이어(Bruce Schneier)가 편집한 〈공익을
위한 기술(Public Interest Tech)〉에는 공익을 위한 기술 리소스가 있어. 정의, 문서 링크, 공익을 위한 기술(인터
넷 거버넌스 등) 분야에 참여하는 단체 링크, 교육 리소스 등을 제공하고 있어. 다음 링크에서 볼 수 있어. https://
public-interest-tech.com

기초부터 확실하게!
IT 용어 사전

본문에서 설명이 부족했거나 언급만 했던 기초 IT 용어들을 한눈에 볼 수 있도록 정리했어.
혹시 이해하기 어려웠던 부분이 있다면 여기를 참고해 보길 바랄게. 인터넷과 네트워크를 넘어
IT라는 분야를 더욱 깊고 풍부하게 바라볼 수 있을 거야.

가상현실(VR) ▶ 124쪽
Virtual Reality의 약자로, 컴퓨터 기술로 만들어낸 실제와 유사한 환경을 의미한다. 실제가 아닌
인공적으로 만들어진 가상의 상황을 통해 사용자의 오감을 자극하고 실제와 근접한 경험 및
상호작용을 가능하게 한다는 면에서 시뮬레이션과 차이가 있다.

거버넌스(governance) ▶ 128쪽
하나 또는 소수의 결정권자가 아니라 정부, 기업, 비정부기구, 시민 등 다양한 행위 주체와 이해관계의
당사자가 공동의 주제를 중심으로 네트워크를 구축해 문제를 해결하는 운영 방식을 말한다. 아직
정의가 명확하게 확립된 개념은 아니지만 '수평적 관계 유지' '정부와 민간의 협력' '모두가 갖는
결정권' '특정 지역이나 국가에서 자유로운 정책의 범위' 등을 핵심 요소로 한다.

게이트웨이(gateway) ▶ 23쪽
서로 다른 프로토콜을 사용하는 네트워크를 중간에서 연결해 주는 장치. 데이터가 다른 네트워크로
들어갈 때 거치는 관문 역할을 한다. 게이트웨이는 한 네트워크에서 나와 다른 네트워크로 들어갈 때
바뀌는 프로토콜을 인지하고 그에 맞춰 변환하는 일을 수행한다. 고속도로의 톨게이트, 다른 나라로
가는 비행기를 탈 때의 공항과 비슷한 개념이다.

기억장치(RAM) ▶ 20쪽
Random Access Memory(임의 접근 기억장치)의 약자로, 프로그램을 실행하고 실시간으로 데이터를
읽거나 저장할 수 있는 공간이다. 기본적으로 전원 공급이 차단되면 기억이 지워지는 주기억장치만을
지칭하며 보조기억장치(하드디스크, SSD 등)를 통해 용량의 한계와 휘발성을 보완한다. 사람 두뇌에
비유하면 주기억장치는 단기기억 또는 작업기억을, 보조기억장치는 장기기억을 관리한다고 볼 수
있다.

레지스트리(registry) ▶ 40쪽
특정한 설정 또는 정보가 담긴 데이터베이스. 대표적으로 윈도우 운영체제의 설정을 담고 있는 윈도우
레지스트리와 도메인 이름 정보를 담고 있는 도메인 이름 레지스트리가 있다.

망 중립성(network neutrality) ▶ 92쪽
네트워크의 모든 데이터는 동등하게 취급되며 사용자, 콘텐츠, 디바이스 등 어떤 것에 따라서도 차별할
수 없다는 원칙. 망 중립성 원칙에 따르면 기본적으로 인터넷의 모든 콘텐츠는 모든 사람에게 동일한
조건 아래 제공되어야 한다.

머신러닝(machine-learning) ▶ 119쪽
컴퓨터가 스스로 학습할 수 있도록 하는 알고리즘 및 기술. 즉 경험을 통해 자동으로 기능을 개선하는 컴퓨터 알고리즘을 개발하는 것을 말한다. 일일이 기계에 동작을 지정하지 않아도 수집한 데이터를 바탕으로 가르쳐주지 않은 동작을 시행하는 시스템을 연구한다.

방화벽(firewall) ▶ 96쪽
신뢰할 수 없는 네트워크가 접근하는 행위(트래픽)를 차단하거나 검열하는 장치. 해커나 바이러스로부터 네트워크를 보호하거나 지나친 트래픽으로 성능이 저하되는 것을 막는 역할을 한다.

백도어(backdoor) ▶ 86쪽
하드웨어 또는 소프트웨어를 만들 때 의도적으로 추가하는 악성 코드로, 정상적인 인증 절차 없이도 곧바로 보안을 뚫고 접속할 수 있도록 돕는 역할을 한다. 마스터키와 비슷하지만 명시되지 않은 백도어 프로그램은 악의로 개발되는 경우가 많다. 반대로 명시된 백도어는 원격 접속을 통한 유지 보수 등에 사용된다.

빅데이터(big data) ▶ 116쪽
기존 데이터 처리 방식으로는 처리하기 어려울 정도로 방대한 양의 데이터를 의미한다. 동시에 넓고 다양한 범위와 엄청나게 방대한 규모의 데이터를 체계적으로 수집해서 가치를 추출하고 결과를 분석하는 기술을 의미하기도 한다.

사물인터넷(IoT) ▶ 124쪽
Internet of Things의 약자로 일반 물건을 인터넷에 연결하는 모든 기술을 뜻하는 말이다. 유비쿼터스(Ubiquitous)에서 보다 발전된 개념으로, 궁극적으로는 모든 사물을 연결해 사물 간에 정보를 교류 및 소통하고 상호작용하는 인프라를 구축하고자 한다.

사용자(user) ▶ 4쪽
흔히 영문 명칭을 그대로 읽은 '유저'라고 부르며, 컴퓨터 시스템을 사용하는 사람을 말한다. 특히 어떤 소프트웨어를 사용할 때 그 소프트웨어의 사용권에 법적으로 동의한 최종 사용자를 가리키는 말이다.

서버(server) ▶ 18쪽
클라이언트에게 네트워크를 통해 서비스를 제공하는 컴퓨터 프로그램 또는 장치. 보통 서버는 클라이언트의 요청에 의해 서비스를 제공한다. 이를 클라이언트-서버 시스템이라고 부르며 네트워크에서 가장 일반적인 상호 협력 작업 중 하나다. ('클라이언트' 항목 참조)

소프트웨어(software) ▶ 20쪽
컴퓨터가 어떻게 동작해야 하는지에 대한 방법을 지시하는 명령어의 집합으로, 하드웨어에서 처리되는 무형물을 말한다. 인터넷, AI, 운영체제, 애플리케이션 등이 모두 소프트웨어에 속한다.

애플리케이션(application) ▶ 19쪽
운영체제를 기반으로 실행할 수 있는 모든 소프트웨어를 말한다. 흔히 application을 줄여 앱(app)이라고 부른다. ('운영체제' 항목 참조)

HTML ▶ 70쪽
하이퍼텍스트 마크업 언어(Hyper Text Markup Language)의 약자로 웹에서 페이지를 표시하는 데
쓰이는 컴퓨터 언어다. 프로그램을 개발하는 데 사용되는 프로그래밍 언어와 달리 문서의 구조, 서식
등을 작성한다.

와이파이(Wi-Fi) ▶ 21쪽
컴퓨터를 비롯한 전자 기기를 무선랜(WLAN)에 연결할 수 있도록 하는 기술로, IEEE 802.11 표준을
기반으로 개발된 무선 근거리 통신망을 의미한다.

운영체제(OS) ▶ 20쪽
하드웨어와 가장 밀접하게 관련된 시스템 소프트웨어. 하드웨어와 소프트웨어의 중간에서 하드웨어를
관리하고 소프트웨어를 실행하는 시스템이다. 윈도우(Microsoft Windows), 맥(Mac), 리눅스(Linux)
등이 있다.

웹 브라우저(web browser) ▶ 70쪽
월드 와이드 웹(www)에서 HTTP를 통해 HTML 문서와 그림, 파일 등을 보여주기 위해 개발된
소프트웨어를 말한다. 대표적인 웹 브라우저로는 익스플로러, 크롬, 엣지, 파이어폭스, 사파리 등이
있다.

URL ▶ 93쪽
Uniform Resource Locator의 약자로, 네트워크에서 어떤 자원 또는 정보가 어디에 있는지를
알려주는 표준 규약이다. 좁게는 웹 사이트의 주소만을 의미하지만, 넓게는 네트워크에 있는 모든
자원의 위치를 표시해 놓은 기록을 의미한다.

인공지능(AI) ▶ 131쪽
인간의 학습, 추론, 지각 능력을 인공적으로 만들어내고자 하는 컴퓨터 과학 분야. 즉 인간의 지능을
기계와 같은 인공물에 구현하는 것을 의미한다. 구현의 차원과 수준에 따라 강인공지능(인간을
모방하고자 한다.)과 약인공지능(인간을 보조하는 도구로 활용하고자 한다.)으로 분류하기도 한다.

클라우드(cloud) ▶ 85쪽
사용자가 직접적으로 제어하지 않아도 컴퓨터상의 자원을 제공할 수 있는 시스템. 즉 정보를 사용자의
컴퓨터가 아니라 인터넷으로 연결된 다른 컴퓨터로 처리할 수 있는 기술을 의미한다. 클라우드
인프라에서 데이터는 각 디바이스가 아닌 클라우드 안에 존재하며, 구름이 떠다니듯 어디서나 자원을
이용할 수 있다는 점이 특징이다.

클라이언트(client) ▶ 19쪽
네트워크에서 다른 컴퓨터(주로 서버)가 제공하는 서비스에 접속하기 위해 사용되는 응용 프로그램
또는 서비스.('서버' 항목 참조)

트래픽(traffic) ▶ 18쪽

인터넷상에서 데이터의 흐름 또는 전송량을 의미한다. 현실로 비유하면 도로의 교통상황, 교통량과
유사한 개념이다. 따라서 서버마다 트래픽에 따라 인터넷 회선(도로)의 규모가 달라진다.

프락시(proxy) ▶ 104쪽

흔히 프록시라고 부르며, 클라이언트가 네트워크 서비스에 간접적으로 접속할 수 있도록 하는
시스템을 말한다. 즉 서버와 클라이언트 사이에서 대리로 통신하는 중계기 역할을 한다. 프라이버시
보호, 검열 우회, 보안 등의 목적으로 사용한다.

하드웨어(hardware) ▶ 18쪽

컴퓨터의 물리적 부품들, 즉 중앙처리장치(CPU), 모니터, 키보드, 기억장치(RAM), 그래픽 카드,
사운드 카드, 메인보드, 케이스 등을 통틀어 이르는 말이다.

핫스폿(hotspot) ▶ 21쪽

와이파이를 통해 인터넷에 접속할 수 있도록 하는 물리적인 장소 또는 장치를 말하며 흔히
핫스팟이라고 부른다. 보통 공공장소 등에 있는 휴대용 공유기를 지칭하는데, 스마트폰에 있는 핫스폿
기능은 해당 기기를 휴대용 공유기처럼 사용할 수 있도록 만드는 것이다. 테더링(tethering)과 유사한
개념이나, 테더링은 USB, 블루투스 등 유·무선 통신 연결 방식을 모두 포함하므로 완전한 동의어라고
볼 수는 없다.

해커톤(hackathon) ▶ 150쪽

해킹(hacking)과 마라톤(marathon)의 합성어로 기획자, 개발자 등 다양한 직군의 사람들이 한 팀을
이루어 기간 내에 특정 프로젝트를 진행하는 행사 또는 대회를 말한다. 일반적으로 소프트웨어 개발과
개선을 목표로 하며 교육이나 홍보 목적으로 개최되는 경우도 있다.

출처 및 참고 문헌

21쪽   〈Edward Snowden : The Untold Story〉, James Bamford, 2014년
       https://www.wired.com/2014/08

21쪽   〈Wi-Fi Hospot Tracking〉, Bruce Schneier, 2019년
       https://www.schneier.com/blog/archives/2019/10/wi-fi_hospot_t.html

50쪽   〈RIR Delegations & RIPE NCC Allocations〉, Regional Internet Registries Statistics
       https://www-public.imtbs-tsp.eu/~maigron/RIR_Stats/RIR_Delegations/World/ASN-ByNb.html

53쪽   〈Internet Exchange Directory〉, Packet Clearing House
       https://www.pch.net/ixp/dir

72쪽   〈HTTP over TLS〉, Internet Engineering Task Force, RFC 2818, 2000년
       https://tools.ietf.org/html/rfc2818

75쪽   〈New Research Suggests That Governments May Fake SSL Certificates〉, Seth Schoen, 2010년
       https://www.eff.org/deeplinks/2010/03/researchers-reveal-likelihood-governments-fake-ssl

86쪽   〈Secret Documents Reveal N.S.A. Campaign Against Encryption〉, New York Times, 2013년

87쪽   〈Can Elliptic Curve Cryptography Be Trusted? A Brief Analysis of the Security of a Popular Cryptosystem〉, Veronika Stolbikova, 2016년
       https://www.isaca.org/Journal/archives/2016/volume-3/Pages/can-elliptic-curve-cryptography-be-trusted.aspx

87쪽   〈Alleged NSA interference : IPSec〉, Wikipedia, 2013년
       https://en.wikipedia.org/wiki/IPSec#Alleged_NSA_interference

100쪽 〈Google Safe Browsing〉, 구글 투명성 보고서
       https://transparencyreport.google.com/safe-browsing/

100쪽 〈Content Delistings Due to Copyright〉, 구글 투명성 보고서
       https://transparencyreport.google.com/copyright/reporters/

100쪽 〈Explore the Data : Copyright Removal Request Data〉, 구글 투명성 보고서
       https://transparencyreport.google.com/copyright/explore

100쪽 〈Requests to Delist Content Under European Privacy Law : Delisting URLs from Google Search for Privacy〉, 구글 투명성 보고서
https://transparencyreport.google.com/eu-privacy/

100쪽 〈Government Requests to Remove Content : Removal Requests by the Numbers〉, 구글 투명성 보고서
https://transparencyreport.google.com/government-removals/

105쪽 〈IP Cloaking Violates Conputer Fraud and Abuse Act, Judge Rules〉, David Kravets, 2013년
https://www.wired.com/2013/08/ip-cloaking-cfaa

106쪽 〈Vernacular Resistance to Data Collection and Analysis : A Political Theory of Obfuscation〉, Brunton and H. Nissenbaum, First Monday 16, no. 5, 2011년, doi : 10.5210/fm.v16i5.3493.

107쪽, 108쪽 〈Servers〉, The Tor Project, Tor Metrics
https://metrics.torproject.org/networksize.html

114쪽 《Cybernetics : Or control and Communication in the Animal and the Machine》, Norbert Wiener, Cambridge, MA : MIT Press, 1948년

117쪽, 119쪽, 121쪽 〈Algorithmische Selektion im Internet : Risiken und Governance automatisierter Auswahlprozesse〉, Florian Saurwein, Natascha Just, and Michael Latzer, 2017년, kommunikation@gesellschaft, 18, 1-22
https://nbn-resolving.org/urn:nbn:de:0168-ssoar-51466-4.

추가 출처
〈The Economics of Algorithmic Selection on the Internet〉, Michael Latzer, Katharina Hollnbuchner, Natascha Just, and Florian Saurwein, 2014년, doi : 10.5167/uzh-100400, p. 6.

119쪽 〈Governance by Algorithms〉, Francesca Musiani, 2013년, Internet Policy Review 2 (no.3), doi : 10.14763/2013.3.188, p. 3.

121쪽 《Man kann das Internet reparieren》, interviewed by Moritz Honert, Tagesspiegel, 2020년

121쪽 General Data Protection Regulation(GDPR) of the European Union, EU 2016/678, *https://gdpr-info.eu*

128쪽 〈Media Development in the Digital Age〉, Corinne Cath, Niels Ten Oever, and Daniel
       O'Maley, 2017년
       https://www.cima.ned.org/publication/media-development-digital-age-five-ways-
       engage-internet-governance/

134쪽 https://www.itu.int/en/ITU-D/Statistics/Pages/stat/default.aspx

140쪽 《No Place to Hide : Edward Snowden, the NSA, and the U.S. Surveillance State》,
       Glenn Greenwald, Metropolitan Books, 2014년
       http://glenngreenwald.net/#BookDocuments

142쪽 〈CEOs of Ericsson and Cisco Promise an End-to-End Networking Wonderland〉, Mike
       Robbuck, 2015년
       https://www.sdxcentral.com/articles/news/ceos-of-ericsson-cisco-promise-an-end-
       to-end-networkingwonderland

찾아보기

한국에서는 한국인터넷거버넌스포럼(KrIGF)을 통해
인터넷 거버넌스에 참여할 수 있어. 포럼은 연 1회 개최되고 정부,
업계, 학계, 시민 사회 등 다양한 분야에서 참여해.
주제 역시 NFT, 플랫폼 규제, 사이버 안보, 메타버스 인권 등
매년 다양한 트랙과 세션으로 구성돼. 인터넷 거버넌스에
관심 있는 누구에게나 개방되어 있으니 꼭 한번 참여해 보길 바랄게!

한국인터넷거버넌스포럼: www.krigf.or.kr
다자간인터넷거버넌스협의회: www.kiga.or.kr
한국인터넷진흥원: www.kisa.or.kr

옮긴이 심태은

경희대학교 관광학부에서 호텔경영을 전공하고 한국외국어대학교 통번역대학원 한영과를 졸업했다. 다년간 통번역가로 활동했으며, 현재 번역에이전시 엔터스코리아에서 전문 번역가로 활동 중이다. 옮긴 책으로는《구글은 어떻게 디자인하는가 : 인클루시브 디자인 이야기》《공감의 디자인》등이 있다.

읽자마자 IT 전문가가 되는 네트워크 교과서

코딩·프로그래밍·해킹과 보안·IT 엔지니어링의 기초가 탄탄해지는
네트워크의 구조와 작동 원리

1판 1쇄 펴낸 날 2023년 3월 7일
1판 2쇄 펴낸 날 2023년 12월 5일

지은이 아티클 19
옮긴이 심태은

펴낸이 박윤태
펴낸곳 보누스
등록 2001년 8월 17일 제313-2002-179호
주소 서울시 마포구 동교로12안길 31 보누스 4층
전화 02-333-3114
팩스 02-3143-3254
이메일 bonus@bonusbook.co.kr

ISBN 978-89-6494-606-0 03000

• 책값은 뒤표지에 있습니다.